Anne Bryan Smollin · Stress – was nun?

Anne Bryan Smollin

Stress – was nun?

Zwölf Wege, die helfen

Aus dem amerikanischen Englisch
von Eva-Maria Nietzke

johannis

Die Deutsche Bibliothek – CIP-Einheitsaufnahme

Smollin, Anne Bryan:
Stress – was nun? : zwölf Wege, die helfen / Anne Bryan Smollin.
Aus dem amerikan. Engl. von Eva-Maria Nietzke. –
Lahr/Schwarzwald : Johannis, 2002
(TELOS-Bücher ; 2431 :
TELOS erzählendes Paperback : Johannis Lebenshilfe)
Einheitssacht.: God knows you're stressed <dt.>
ISBN 3-501-01454-6

TELOS-Paperback 72431
Johannis Lebenshilfe

Titel der amerikanischen Originalausgabe: God Knows You're Stressed

Published through arrangement with Sorin Books of Notre Dame, Indiana

Umschlaggestaltung: Sabine Maria Reister, Karlsbad
Gesamtherstellung: St.-Johannis-Druckerei, Lahr/Schwarzwald
Printed in Germany 15140/2002

Inhalt

Einleitung

Sie vermuten es bereits: Es gibt eine Menge schlechter Nachrichten in Verbindung mit Stress.

Stress wird definiert als die Unfähigkeit, mit einer tatsächlichen oder eingebildeten Bedrohung unseres Wohlbefindens umzugehen, was zu einer Reihe von Reaktionen und Anpassungsversuchen unseres Körpers führt. Stress bewirkt Erschöpfung, Müdigkeit, Ärger und Angstgefühle.

Nicht immer ruft Stress direkt Krankheiten hervor, aber es ist bewiesen, dass Stress ein krankheitsverstärkender Faktor ist. Physische Probleme wie Verdauungsstörungen, Durchfall, Magengeschwüre, Appetitlosigkeit, Bronchitis, Lungenentzündung, Schweißausbrüche, Schmerzen in der Brust, Muskelschmerzen, häufige Erkältungen und Zittern können zumindest teilweise auf Stress zurückgeführt werden. Auch Migräne, Asthma, Schuppenflechte, Nesselausschlag, Allergien, Ekzeme, Herzkrankheiten und Bluthochdruck können durch Stress mitverursacht werden.

Der Cholesterinspiegel kann durch Stress genauso hoch oder höher getrieben werden wie durch die Ernährung. Die Angst vor dem Aufbruch zur Arbeit und die Aufregung in Verbindung mit dem Verlassen des Arbeitsplatzes stressen den Körper. Daher treten Herzrhythmusstörungen besonders häufig montags und freitags auf. In den USA sind pro Jahr rund 187 Millionen Arztbesuche wegen stressbedingter Beschwerden zu verzeichnen. Eine Studie hat gezeigt, dass viele von uns bereits im Alter von sechs Jahren den Grundstein für schweren Bluthochdruck gelegt haben.

Mentale Symptome wie Konzentrationsstörungen, Gedächtnisschwäche, Verwirrung, Vergesslichkeit und Verstimmung sind Warnlichter, die ein hohes Stressniveau anzeigen. Auf der Gefühlsebene kann eine gestresste Person

Ärger, Depression, Hoffnungslosigkeit, Reizbarkeit, Ängstlichkeit, Hilflosigkeit, Schuld- oder Schamgefühle empfinden. Was das Verhalten angeht, so tendieren stark gestresste Menschen dazu, häufiger Dinge hinzuwerfen, zu fluchen, zu schreien, zu schlagen, an den Nägeln zu kauen, mit den Füßen zu scharren, zu weinen und herumzuzappeln.

Unbewältigter Stress ist ein größerer Risikofaktor für Krebs und Herzerkrankungen als Rauchen und cholesterinreiche Ernährung. Studien haben gezeigt, dass täglich rund eine Million Menschen in den USA aufgrund stressbedingter Erkrankungen am Arbeitsplatz fehlen.

Kleine Kinder können Stress empfinden, wenn sie keinen Partner zum Spielen haben oder wenn ihr Lieblingsspielzeug kaputtgeht. Ein Teenager kann Stress empfinden, wenn er oder sie von einer Gruppe ausgeschlossen wird oder wenn sich das Gefühl einstellt, anders beziehungsweise fehl am Platz zu sein. Ein Student kann Stress empfinden, wenn der Studiendruck unerträglich wird.

Stress kann typischerweise in drei Ebenen eingeteilt werden. Die Stressfaktoren der ersten Ebene sind eher schwach und von kurzer Dauer: den Bus verpassen, die Konzertkarten verlegen, ein Glas zerbrechen. Wenn solch ein Vorkommnis eintritt, empfinden wir Frust und Ärger. Doch diese Form von Stress ist situationsbedingt.

Der Stress der mittleren Ebene ist schon schwieriger zu verkraften: Hochzeitsvorbereitungen; nicht eingehaltene Fristen für ein Arbeitsprojekt, die Überstunden erfordern; die vorübergehende Abwesenheit von wichtigen Personen oder die Anpassung an die Trennung von einem Kind, das zur Universität geht und das Haus verlässt – solche Situationen sind häufig vorkommende Gründe für mittelschweren Stress. Sie erfordern mehr Energie und folglich bleibt der Stress länger in unserem Körper.

Schließlich gibt es eine Stressebene, die als chronisch oder schwerwiegend bezeichnet werden kann. Stress dieser Art wird durch Scheidung, den Verlust eines wichtigen Menschen, den Tod des Ehepartners, eines Kindes oder einer geliebten Person ausgelöst und kann dazu führen, dass wir Hilfe und Unterstützung von außen suchen.

Haben Sie genug von den schlechten Nachrichten in Verbindung mit Stress?

Nun die guten Nachrichten

Der Stress muss uns nicht fertig machen! Die Dinge, die wir erleben, verursachen an sich keinen Stress. Es sind vielmehr unsere Reaktionen auf die erlebten Situationen, die zu Stress führen. Es liegt in unserer Macht zu wählen, wie wir auf Stress reagieren. Unsere Einstellung bestimmt unsere Wahl und unsere Wahl bestimmt unsere Einstellung. Die Kontrolle des Stresses in unserem Leben liegt also in unserer Hand!

»Stress – was nun? Zwölf Wege, die helfen« bietet erprobte Ratschläge, anregende Geschichten und nützliche Aktivitäten, die dazu beitragen können, das Gleichgewicht wiederzuerlangen, das wir uns alle wünschen. Stress kann umgewandelt werden. Wir können es lernen, mit Stress umzugehen und dabei gesünder zu werden.

Wahrhaftig gute Nachrichten.

Ratschläge zum Lesen des Buches

»Stress – was nun? Zwölf Wege, die helfen« ist ein Buch, das Sie langsam, nachdenklich und aktiv durcharbeiten sollten. Legen Sie es neben Ihr Bett; lesen Sie vor dem Einschlafen einen Abschnitt daraus. Verbringen Sie mehrere Tage damit,

über eine Geschichte nachzudenken oder eine der beschriebenen Aktivitäten zu wiederholen. Bringen Sie einen der Leitsätze an Ihrem Badezimmerspiegel an, sodass Sie jedes Mal, wenn Sie einen Blick darauf werfen, an eine der grundlegenden Formen der Stressbewältigung erinnert werden.

Mit anderen Worten: Lassen Sie sich Zeit. Die meisten von uns haben Jahre gebraucht, um das Stressniveau aufzubauen, auf dem wir uns derzeit befinden. Wir haben Gewohnheiten entwickelt, die zu unserem Stress beitragen. Es braucht Zeit, um Gewohnheiten zu verändern.

Nutzen Sie dieses Buch als Hilfe für diese Veränderungen. Mögen Sie Seite für Seite lernen, sich selbst mehr zu mögen, sich selbst freundlicher zu behandeln, mehr zu lachen, sich mehr zu amüsieren, tiefer durchzuatmen, ungestörter zu schlafen und Kränkungen leichter zu nehmen. Möge Ihre Lektüre und Ihr Nachdenken zu Gesundheit, Ausgeglichenheit und einem reicheren Leben führen.

WEG 1

Beschließen Sie, unvollkommen zu sein

Wer nie irgendeinen Fehler beging, der kann kein großer Mensch sein.
Herman Melville

Wer hat je behauptet, wir müssten vollkommen sein? Das Bemühen um Perfektion – was immer das heißen mag – setzt uns extrem unter Druck und drängt uns gewissermaßen in die Position eines Verlierers. Menschen können nun einmal nicht vollkommen sein. Die Vollkommenheit ist nicht Teil unserer menschlichen Natur. Es gibt reichlich Beweise für unsere Unvollkommenheit. So zeigt zum Beispiel eine Studie, dass der durchschnittliche Amerikaner rund ein Jahr seines Lebens damit zubringt, verlegte Gegenstände zu suchen. Wir sind vergesslich, machen Fehler, sagen das Falsche und verpfuschen ganz allgemein Dinge. Wir sind noch nicht einmal im Entferntesten vollkommen. Um dieser schlechten, Stress auslösenden Angewohnheit zu entfliehen, beginnen Sie mit dem Beschluss, *unvollkommen* zu sein!

Erinnern Sie sich daran, wie Sie Fahrrad oder Auto fahren lernten. Damals beherrschten Sie die entsprechenden Fähigkeiten nicht sofort. Sie fühlten sich linkisch und ungeschickt, aber nicht dumm. Sie wussten eben, dass Sie lernen müssen, beim Fahrrad das Gleichgewicht zu halten und zugleich in die Pedale zu treten und zu lenken. Sie wussten, dass Sie beim Autofahren lernen müssen, Rück- und Seitenspiegel zu kontrollieren. Sie mussten lernen, auf Ihrer Seite der Straße zu bleiben und den Abstand zu den anderen Autos einzuschätzen. Sie wussten, dass Sie dies alles lernen müssen.

Das Erlernen des Fahrradfahrens war ein Prozess. Als Sie alle notwendigen Fähigkeiten beherrschten, vergaßen Sie vermutlich die anfänglichen Fehler und die Gefühle der Unsicherheit und Unbeholfenheit. Genauso beim Autofahren: Als Sie es konnten, dachten Sie nicht mehr darüber nach, den Sitz und die Spiegel einzustellen. Das ging nun alles automatisch und war Ihnen gewissermaßen zur zweiten Natur geworden.

Den sofortigen, unmittelbaren Erfolg gibt es einfach nicht. Erfolg beruht auf vielen Versuchen und Wiederholungen. Ein spanisches Sprichwort sagt: »Egal wie früh du aufstehst, du kannst das Morgengrauen nicht beschleunigen.« Thomas Edison unternahm mehr als eintausend Versuche, bevor er herausfand, welcher Draht für die elektrische Glühbirne verwendet werden muss.

Wir stehen uns selbst im Weg, wenn es darum geht, neue Anstrengungen zu unternehmen; denn wir fürchten uns vor dem Versagen. Auf diese Weise bleiben wir in der Mittelmäßigkeit stecken. Wenn wir aufgeben oder wenn Fehler und Schwächen unseren Erfolg blockieren, dann stellt sich Traurigkeit ein. Der große Eishockeyspieler Wayne Gretzky prägte den Ausspruch: »Wir verpassen hundert Prozent der Schläge, die wir nicht ausführen.« Und Isaac Newton erklärte: »Ohne kühne Vermutung wurde noch keine große Entdeckung gemacht.«

Wenn wir noch im Lernprozess stehen oder wenn wir vor neue Herausforderungen gestellt werden, so können wir auf unsere Kreativität vertrauen, um mit den Dingen klarzukommen – um es kühn zu wagen. Ich erinnere mich an eine Situation, in der ich völlig hilflos war und überhaupt nicht wusste, was ich tun sollte. Im Alter von siebzehn Jahren trat ich der Schwesterngemeinschaft der *Sisters of Saint Joseph* bei. Wir lebten in einem Gebäude, das man als Studentenwohnheim bezeichnen würde. Insgesamt lebten in diesem Haus 135 Schwestern. Wir kümmerten uns um das Kochen und Putzen, die Zimmerei- und Klempnerarbeiten und was sonst noch notwendig war, um das Gebäude instand zu halten.

Eines Tages war ich gerade mit dem Kochen an der Reihe, als die für die Küche zuständige Person hinausmusste. Ich war also ganz auf mich allein gestellt und dafür verantwortlich, das Mittagessen rechtzeitig fertig zu bekommen. Die Aufsicht führende Schwester wies mich an, *Tapioka-Pudding* zu machen. Ich gab alle Zutaten in einen großen Topf. Die Schwester erklärte mir, ich solle den Pudding in einen *double boiler* (ein spezielles Gefäß zur Erhitzung im Wasserbad) hineingeben. Dann verschwand sie zu ihrer Besprechung. Ich hatte keine Ahnung, was ein *double boiler* war, und es war niemand da, den ich hätte fragen können. Also nahm ich den riesigen Topf, stellte ihn zwischen zwei Kochplatten und begann umzurühren.

Schließlich kam die Schwester zurück und rettete den Pudding. So wie der Pudding zwischen den beiden Kochplatten kochte, wäre er bis Weihnachten noch nicht fertig geworden. Ich erfuhr, was ein *double boiler* war, die Schwestern bekamen ihren Nachtisch und ich ging um eine Erfahrung reicher aus der Situation hervor.

Wenn wir unvollkommen sein können, dann können wir »wir selbst« sein. Wir können unsere Qualitäten und unsere rauen Ecken, unsere Stärken und Schwächen akzeptieren und brauchen uns von unserer Unfähigkeit nicht lähmen zu lassen. Wenn wir unsere Talente und unsere Grenzen gleichermaßen begrüßen, so umfassen wir unser Leben als Ganzes. Nicht vollkommen, aber vollständig. Uns selbst lieben bedeutet alles lieben, was uns ausmacht.

Und wir müssen uns selbst auch *mögen.* Mögen und lieben ist nicht das Gleiche. Mögen bedeutet, dass wir uns kennen und für uns sorgen. Es bedeutet, dass wir zu uns selbst freundlich sind. Wenn wir diesen Punkt noch nicht erreicht haben, dann krankt es in unserem Leben und es fehlt uns an Kreativität. Wir verlieren Spontaneität und schränken unsere eigenen Fähigkeiten ein. Wir nehmen alles Neue mit Vorsicht auf und lernen es nie, uns richtig zu freuen oder uns zu entspannen oder einfach nur zu genießen. Der Entschluss, Unvollkommenheit – unser Menschsein – zu akzeptieren, nimmt eine große Last von unseren Schultern und entfernt eine Menge Stress aus unserem Leben.

Ob du glaubst, du kannst es, oder ob du glaubst, du kannst es nicht – du hast immer Recht.
Henry Ford

Beschließen Sie, unvollkommen zu sein

Freuen Sie sich über Ihre Unvollkommenheit:

- Beobachten Sie eine Woche lang die Fehler, die Sie begehen. Bestrafen Sie sich jedoch nicht dafür, sondern erkennen Sie diese Fehler an und vergeben Sie sich selbst ganz bewusst. Sie könnten sich etwas vorsagen, das so oder ähnlich klingt: »Ich bin froh über meine Menschlichkeit und ich mag mich – mit meinen Fehlern.«

- Notieren Sie jeden Tag Situationen, in denen Sie nicht wussten, was Sie tun sollten, oder in denen Sie eine Frage gestellt haben. Begrüßen Sie Ihre Unkenntnis als Möglichkeit, etwas Neues zu lernen. Beginnen Sie, Ihre Unvollkommenheit als positive Chance zum inneren Wachstum aufzufassen.

- Merken Sie sich folgendes Prinzip: »Dinge, die es wert sind, getan zu werden, sind es wert, unvollkommen getan zu werden.« Wir meinen oft, wir müssten alles auf einmal und vollständig tun; wir sollten uns jedoch klarmachen, dass es möglich und heilsam ist, nur die Zeit darauf zu verwenden, die uns gerade zur Verfügung steht. Wir schauen in unseren Garten und meinen, wir müssten hinausgehen und sämtliches Unkraut herausziehen. Warum begnügen wir uns nicht damit, zunächst nur das gröbste Unkraut zu entfernen? Wenn wir Besuch erwarten, meinen wir, unser gesamtes Silber müsste geputzt werden. Warum polieren wir nicht nur die Teile, die wir an diesem Abend benutzen werden?

- Denken Sie über etwas nach, was Sie vor kurzem getan haben und was Sie als Fehler empfunden haben. Wie fühlten Sie sich? Wie gingen Sie mit diesem Gefühl um? Was haben Sie aus der Angelegenheit gelernt? Es ist wichtig, dass wir erkennen, dass viele positive Dinge häufig aus von uns so bezeichneten »Fehlern« entstanden sind. Oft geschieht etwas viel Besseres, als wir zunächst erwartet hätten.

- Probieren Sie etwas aus, was Sie nie zuvor getan haben oder womit Sie aufgehört haben, weil Ihnen jemand weisgemacht hat, es sei dumm: Tanzen Sie im Wohnzimmer zur Radiomusik. Machen Sie Experimente mit einem Rezept. Führen Sie Veränderungen durch, die Ihnen gut erscheinen. Suchen Sie eine Computeranwendung in Ihrem PC, die Sie noch nie benutzt haben; probieren Sie es aus und sehen Sie, was passiert. Beginnen Sie einen Sport, den Sie schon immer einmal ausprobieren wollten; werden Sie zu einem ungeschickten Anfänger und haben Sie Spaß an Ihren Fehlern. Wenn Sie sich fürchten, so machen Sie sich klar, dass wir alle Angst haben vor Dingen, die wir noch nie getan haben. Das ist ganz natürlich! Wenn Sie Angst haben, dann machen Sie es eben ängstlich. Vergessen Sie nicht: Als Sie laufen lernten, fielen Sie zunächst hin, aber das hat Sie nicht davon abgehalten, es immer und immer wieder zu versuchen. Durch unsere Fehler lernen wir, was verbessert werden muss.

Der HERR hat Freude an einem redlichen Menschen
und lenkt alle seine Schritte.
Er mag fallen, aber er stürzt nicht zu Boden;
denn der HERR hält ihn fest an der Hand.
Psalm 37,23.24

Rennen

»Ich weiß, es klingt verrückt, aber die Depression hat dazu geführt, dass mein Leben ins Gleichgewicht gekommen ist. Die Behandlung meiner Depression hat mich von dem furchtbaren Stress befreit, immer erfolgreich und immer und in allem vollkommen sein zu müssen. Ich bin traurig und verblüfft darüber, dass ich den größten Teil meines Lebens damit zugebracht habe, mit der Last des Perfektionismus zu kämpfen. Mein Kopf wusste wohl, dass ich nicht in allem ein Champion sein muss, doch der Rest meines Ichs kam damit nicht klar. Als ich ernsthaft depressiv wurde, kam mir mit einem Mal deutlich zu Bewusstsein, dass ich mich von diesem unbewussten Streben nach Vollkommenheit lösen müsste – sonst würde ich vermutlich nie wieder aus der Dunkelheit und Verzweiflung herauskommen.

Während der Therapiegespräche kamen zwei Dinge an die Oberfläche, die mir vor Augen führten, wie stark dieser negative Antrieb war. An diesem Punkt werde ich traurig. Ich habe mir selbst mehrere Möglichkeiten zur Entwicklung meiner Persönlichkeit verbaut, weil ich immer meinte, in allem der Beste sein zu müssen. Das war besonders an der Highschool der Fall.

Ich war Meilenläufer beim Langlauf-Team. Ich stellte einen Rekord für Erstsemester auf, verbesserte mich im zweiten Jahr an der Highschool und erlebte als Student im vorletzten Studienjahr eine Siegesserie, ohne je geschlagen zu werden. Dann traf ich auf einen Studenten, nennen wir ihn Taylor. Er stammte aus einer Familie erstklassiger Läufer. Während der ersten drei Runden blieb ich hinter ihm. Als die Klingel für die letzte Runde ertönte, hob er regelrecht ab. Ich lief das beste Rennen meines Lebens, doch er ließ mich einfach zurück. In dem Augenblick zog ich den Schluss, dass ich ihn nie würde schlagen können. Dieses Gefühl war schrecklich. Und es wurde immer schlimmer.

Während meines letzten Studienjahres lief ich wieder sehr gut. Doch ich wusste, dass Taylor da war, der jeden seiner Konkurrenten deklassierte. Um an den Endläufen der USA teilzunehmen, musste ich bei den Bezirkswettkämpfen laufen. Taylor würde nicht dabei sein, aber ich wusste, dass er mich beim nationalen Wettkampf wieder schlagen würde. Dem konnte ich nicht ins Auge sehen. Also wählte ich den einzigen Ausweg, der mir in den Sinn kam.

Mir ging es nicht besonders gut, aber ich hatte schon große Rennen in weitaus schlechterer Verfassung gelaufen. Ich ging zwecks Kontrolluntersuchung zum Arzt. Ich wusste, dass dieser Arzt das harte Training, das wir absolvieren mussten, nicht besonders schätzte. Ich wusste ebenfalls, dass er mir ein Attest für das Training ausstellen würde – und ebenso für den Bezirkswettkampf. Zurückblickend weiß ich, dass ich damals unbewusst der Begegnung mit Taylor und dem Verlieren ausweichen wollte. Ich konnte besser mit dem Wissen leben, dass ich es noch nicht einmal versucht hatte, als mich der Niederlage durch Taylor auszusetzen. Was für eine verpasste Gelegenheit!

Im Laufe meines Lebens habe ich mir viele gute Erfahrungen durch die Überzeugung verbaut, dass ich bei dieser oder jener Sache nicht vollkommen oder erfolgreich sein würde. Ein weiteres Beispiel zeigt ein besonderes Handikap. Ich lebe im Zeitalter des Computers und kann nicht tippen. Ich hatte im letzten Jahr an der Highschool die Gelegenheit, Maschineschreiben zu lernen, aber ich entschied mich dagegen. Mein Notendurchschnitt war perfekt – vier Jahre lang nur Einsen! Angesichts meiner eher schwachen Feinmotorik befürchtete ich, beim Maschineschreiben schlechter als mit Eins abzuschneiden und nicht der Schüler zu sein, der beim Highschool-Abschluss die Abschiedsrede halten würde. Die Rede durfte ich halten – aber tippen konnte ich nicht. Ich hatte einen perfekten Notendurchschnitt; aber ich verfügte nicht über diese grundlegende und nützliche Fertigkeit. Eine weitere verpasste Gelegenheit.

Mein Leben verlief trotzdem gut, verstehen Sie mich nicht falsch. Aber es wurde tatsächlich viel besser, nachdem ich im Rahmen der Behandlung meiner Depression zu dem Schluss kam, dass ich nicht der Beste sein muss. Heute laufe ich, weil es mir Spaß macht – aber ich brauche nach wie vor jemanden, der mir meine Texte tippt.«

Vincent Hatt

Eine Hand voll Gelassenheit ist besser als beide Hände voll Mühe und Jagd nach Wind.
Der Prediger Salomo 4,6

WEG 2

Ändern Sie Ihre Selbstgespräche

Ein gelassenes Herz ist des Leibes Leben.
Die Sprüche Salomos 14,30

Der Dialog, der in unserem Kopf abläuft, ist endlos. Wir sind ständig mit Denken und erneutem Denken beschäftigt. Ein kontinuierlicher Strom von Informationen dringt auf uns ein. Wenn die Informationen negativ sind, dann neigen wir dazu, das Negative zu verinnerlichen. So entstehen sich selbst erfüllende Prophezeiungen. Wenn wir uns zum Beispiel sagen, dass wir eine bestimmte Sache nicht schaffen werden, dann schaffen wir sie tatsächlich nicht – das ist fast unausweichlich.

Unsere Selbstgespräche können das Manuskript sein, das unser Leben bestimmt. Unsere Ängste, unsere Zweifel, unsere Gedanken an künftige Niederlagen können zum Mittelpunkt werden. Selbstgespräche haben eine große Kraft! Doch wir können unsere negativen Selbstgespräche verändern. Und wenn wir unser Stressniveau herunterschrauben wollen, so ist die Veränderung unserer Selbstgespräche von grundlegender Bedeutung.

Die Schule, die ich als Kind besuchte, lag in einer sicheren kleinen Stadt, wo jeder jeden kannte und wo sich alle umeinander kümmerten. Die Leute respektierten das Eigentum der anderen und es war üblich, dass die Nachbarn einander Aufmerksamkeiten zukommen ließen. Ich besuchte eine kirchliche Privatschule, die nur einen Block von meinem Zuhause entfernt war. Die Nachbarschaft fühlte sich als eine große Familie.

Als ich im dritten Schuljahr war, hatte ich eine wundervolle Lehrerin, die aus jedem Schüler das Beste herausholte. Bei ihr machte die Schule Spaß und so waren wir motiviert, uns um gute Noten zu bemühen, hart zu arbeiten und wirklich alles zu lernen, was wir konnten. Bei der Zeugnisausgabe wollten alle Kinder ihre Zeugnisse vergleichen. Jeder von uns wollte den besten Durchschnitt haben.

Das letzte Zeugnis im Juni war besonders wichtig, denn unsere Abschlussnoten waren für die weiterführende Schule von Bedeutung. Ich erinnere mich noch, wie ich auf den Durchschnitt meines Abschlusszeugnisses starrte: 99,4. Ich war begeistert. Und dann fand ich heraus, dass mein Klassenkamerad Jimmy einen Durchschnitt von 99,6 hatte. Zwei Zehntelpunkte besser als ich! Es hatte sich für Jimmy ausgezahlt, dass er ein Wort buchstabieren konnte, das ich nicht buchstabieren konnte. An diesem Tag kam ich zu dem Schluss, dass ich unfähig bin zu buchstabieren. Diese Botschaft machte sich in meinem Kopf breit, sie wurde zur Gewissheit – einer Gewissheit, die ich erst nach langer Zeit zerstreuen konnte.

Wir müssen sorgfältig darauf achten, was wir uns selbst vorsagen. Ein Ereignis im Leben des Schriftstellers Norman Cousins macht dies deutlich. Es war vorgesehen, dass Cousins mehrere Lesungen durchführen sollte. Er fühlte sich erschöpft und benötigte eine Pause. Ein Blick in seinen Terminkalender sagte ihm, dass er in den kommenden beiden Wochen täglich für eine Lesung eingeplant war. An einigen Tagen sollte er sogar zwei Lesungen durchführen. Cousins beauftragte seine Sekretärin, die nächsten beiden Tage zu streichen. Er erklärte ihr, dass er erschöpft sei und eine Pause benötige. Sie erklärte ihm daraufhin, dass er nicht einfach so Termine abblasen könne.

»Wie meinen Sie das, ich kann die Termine nicht einfach abblasen?«

Seine eifrige Sekretärin antwortete, er habe doch keinen Herzinfarkt gehabt. Cousins nahm das stillschweigend hin. Sie hatte Recht, sagte er sich.

Nun, zwei Jahre später hatte Norman Cousins tatsächlich einen Herzinfarkt. Seiner Meinung nach hatte er sich nun das Recht verdient, Termine abzublasen und sich auszuruhen. Wie bei Cousins werden die Botschaften, die wir uns im Kopf vorsagen, häufig Realität.

Wenn wir uns einreden, wir könnten nicht buchstabieren oder wir seien dumm oder unfähig, den Umgang mit einem Computer zu erlernen, so verinnerlichen wir diese Botschaften, bis sie tatsächlich zutreffen. Unsere Selbstgespräche beginnen unsere Selbstachtung zu bestimmen. Wir werden langsam, aber sicher zu dem, was wir uns selbst einreden.

Negative und kritische Selbstgespräche nähren unseren Stress. Die gute Nachricht lautet: Es liegt weitgehend in unserer Macht, diese negativen Selbstgespräche in positive Selbstgespräche umzuwandeln. Dies geschieht, wenn wir uns selbst mit Vertrauen und Verständnis für die Qualitäten und Stärken ausrüsten, mit denen wir beschenkt wurden. Unser Stressniveau nimmt ab, wenn unsere Selbstgespräche positiv sind.

Wir können unsere negativen Selbstgespräche in positive umwandeln, wenn wir dem, was wir uns über eine Situation oder ein Frusterlebnis selbst erzählen, mehr Beachtung schenken. Wenn wir uns selbst erzählen, dass wir uns ändern können, so wird der Prozess in Gang gesetzt.

Fröhlichkeit ist gut für die Gesundheit,
Mutlosigkeit raubt einem die letzte Kraft.
Die Sprüche Salomos 17,22

Ändern Sie Ihre Selbstgespräche

- Achten Sie genau auf Ihre Gedanken und finden Sie heraus, ob s ie positiv oder negativ sind. Wenn Ihre Botschaften ausschließlich negativ sind, so wird nichts richtig funktionieren. Wenn Ihre Botschaften positiv sind, so empfinden Sie erlebte Situationen als positiv. Sobald Sie sich Ihrer negativen Selbstgespräche bewusst werden, können Sie sie verändern. Nehmen Sie sich also Zeit, um zu hören, was Sie sich selbst sagen. Wenn es Ihnen hilft, können Sie eine Art Protokoll Ihrer Gedanken anfertigen.

- Denken Sie darüber nach, was Sie beunruhigt. Das kann ein familiäres Problem sein, ein herannahendes gesellschaftliches Ereignis, ein Problem in Verbindung mit Ihrer Arbeit oder eine noch nachklingende Kränkung durch eine für Sie bedeutsame Person. Können Sie etwas an der Situation ändern? Überlegen Sie, ob es Leute gibt, die Sie um Hilfe oder Rat bitten könnten. Entwickeln Sie einen Plan, um an das Problem heranzugehen. Dann sind Sie gefragt. Lassen Sie nicht zu, dass Ihre negativen Selbstgespräche ohne Reaktion bleiben.

- Fertigen Sie eine Liste verschiedener positiver Botschaften an, die Sie sich immer einmal wieder ins Gedächtnis rufen sollten. Zum Beispiel: »Ich kann vertrauliche Mitteilungen für mich behalten« oder »Ich bin zuverlässig«. Lesen Sie die Liste durch, wenn nötig, mehrmals am Tag – eine nützliche Art positiver Selbstgespräche.

HERR, ich danke dir dafür,
dass ich wunderbar gemacht bin.
Psalm 139,14

Positive Botschaften

»Als Berater und Trainer für Manager ermutige ich meine Kunden in Seminaren dazu, sich über die Botschaften klar zu werden, die sich selbst senden. Sind diese Botschaften positiv oder negativ? Motivieren oder entmutigen sie? Ich versuche mit meinen Kunden zu teilen, was für mich über die Jahre hinweg hilfreich war.

Vor einigen Jahren führte ich ein Training für ein Produktionsunternehmen durch. Das Management hatte den Betrieb so umorganisiert, dass Fließbandarbeiter in Teams zusammengestellt wurden. Das bedeutete für viele der Beschäftigten, dass sie neue Fertigkeiten erlernen mussten, nachdem sie fünfzehn oder zwanzig Jahre lang den gleichen Job verrichtet hatten. Die älteren Frauen und Männer wurden mit jüngeren, anpassungsfähigeren Arbeitskräften zusammengestellt, die oft ungeduldig wurden angesichts der Zeit, die ihre älteren Kollegen zum Erlernen neuer Aufgaben benötigten.

Die Unternehmensleitung engagierte mich, um den Angestellten zu besserer Kommunikation zu verhelfen und um meine Erfahrungen im Bereich Teambildung zur Verfügung zu stellen. Ich arbeitete mit sechs verschiedenen Teams. Eine nicht mehr ganz junge Frau in einer der Gruppen sah ständig ängstlich und angespannt aus. Sarah war offenbar sehr willig, den von mir vorgestellten Prozess zu begreifen. Ihr angsterfüllter Ausdruck ließ jedoch erkennen, dass sie beim Begreifen der Konzepte noch keinen Erfolg hatte. Schließlich kam sie nach einer besonders schwierigen Sitzung über das Thema ›Konstruktives Feedback‹ in Tränen aufgelöst zu mir.

›Ich werde niemals imstande sein, etwas zu ändern. Ich kann den neuen Job einfach nicht lernen und die anderen sind viel schneller als ich.‹

Mit fünfundvierzig Jahren fühlte sie sich zu alt und befürchtete, sie würde ihre Arbeit verlieren. Darüber hinaus kam sie nicht mit ihren Teamkollegen zurecht, denn sie glaubte, alle würden sie ablehnen. Sie versuchte sich mit ihnen anzufreunden. Sie kaufte sogar Geschenke für sie. Aber sie fühlte sich einfach nicht gut genug. Der Stress am Arbeitsplatz hatte begonnen, auch ihr Privatleben zu strapazieren.

Nachdem ich mir Sarahs Klagen angehört hatte, fragte ich sie, was sie von den Botschaften halte, die sie sich selbst sandte. Alles, was ich zu hören bekam, war: ›Zu alt, zu unsympathisch, zu langsam.‹ Wir sprachen über ihre Arbeit vor der Betriebsumstrukturierung. Wie war es ihr damals ergangen? War sie erfolgreich gewesen? Hatte sie jede Woche ihre Zielvorgabe erreicht?

›Ich habe meine Zielvorgabe immer geschafft. Nicht viel mehr, aber eben genug. Doch diese jungen Mädchen sind so viel schneller als ich.‹

Wir sprachen über ihre Rolle als Ehefrau und Mutter und sie beschrieb mir, wie sie es schaffte, all diese Jahre das Haus instand zu halten, die Kinder aufzuziehen und zu arbeiten und all diese Verantwortlichkeiten wirksam zu bewältigen. Ihr Gesicht begann zu strahlen, als ihr klar wurde, dass sie in vielen Bereichen ihres Lebens erfolgreich war.

›Nun wollen wir uns einmal die Botschaften ansehen, die Sie sich selbst senden‹, übernahm ich. ›Versuchen Sie, ob Sie diese Botschaften in positive Äußerungen umwandeln können.‹

›Sie meinen den Gedanken, dass ich zu alt bin?‹, fragte sie und fuhr fort: ›Ich habe Erfahrung, viel mehr als diese jungen Mädchen. Ich bin eine erfahrene Arbeitskraft.‹

›Gut‹, antwortete ich. ›Und wie steht es mit der Idee, dass Sie nichts Neues mehr lernen können? Haben Sie mir nicht erzählt, dass Sie vor ein paar Jahren einen neuen Arbeitsprozess eingeleitet haben? Sie können sich innerhalb von fünf Jahren doch nicht so sehr verändert haben.‹

›Ich glaube, ich kann es versuchen, die neuen Methoden zu lernen. Es scheint nur zu viel auf einmal zu sein.‹

›Dann teilen Sie es in kleine Schritte ein. Und denken Sie immer daran, dass Sie in der Vergangenheit erfolgreich waren.‹

Ich ermutigte sie, sich während der beiden kommenden Wochen zwischen den Seminaren immer wieder vorzusagen, dass sie eine kompetente Mitarbeiterin sei, die in der Lage ist, neue Fertigkeiten zu erlernen. Aufgrund ihrer jahrelangen Erfahrung war sie imstande, ein Problem sorgfältig zu analysieren und einen Weg zu finden, mit ihrer neuen Aufgabe klarzukommen. Sie schrieb zwei Sätze auf, die sie sich täglich vor der Arbeit durchlesen würde. Sie nahm sich vor, den Zettel mit diesen Sätzen in ihrer Hosentasche zu verwahren und ihn immer wieder während des Tages zu Hilfe zu nehmen.

Zwei Wochen später kam ich erneut in den Betrieb, um das nächste Seminar durchzuführen. Bevor die anderen eintraten, kam Sarah mit glänzenden Augen auf mich zu.

›Es klappt‹, rief sie aus. ›Nun ja, jedenfalls beinahe. Ich habe mir jeden Tag die Sätze vorgesagt. Ich habe nach wie vor Probleme mit der Geschwindigkeit der Arbeit, aber nun weiß ich endlich, wie ich die Zuschneidemaschine bedienen muss. Aber das Beste ist: Ich habe nicht mehr solche Angst wie vorher.‹

Sarah erklärte weiter, sie sei nicht mehr so nervös bei dem Gedanken, zur Arbeit zu gehen. Mit Ausnahme einiger Tage der vorangegangenen Woche, die sehr schlimm waren, ging sie nach der Arbeit weniger verstört nach Hause.

Nach dem Seminar erstellten wir zwei weitere Merksätze, die sie verwenden sollte. Danach traf ich noch viermal mit Sarah zusammen. Jedes Mal schien sie ein wenig selbstbewusster zu sein. Diese neue Stärke flog ihr nicht einfach zu und sie kam oft ins Stolpern. Aber sie war fest entschlossen, den negativen Botschaften nicht zu erlauben, ihre Bemühung um Erfolg zunichte zu machen. Sie hatte sich selbst mit so negativen Selbstgesprächen belastet, dass sie sich nie wohl in ihrer Haut gefühlt hatte. So kam zu ihrem ohnehin stressigen Tag noch zusätzlicher Stress hinzu.

Etwa ein Jahr später traf ich Sarah zufällig im Lebensmittelladen. Sie begrüßte mich wie einen alten Freund und erzählte mir, es gehe ihr gut. Sie war zufrieden damit, kein Superstar zu sein, aber ihren Job korrekt zu machen. Besonders glücklich war sie darüber, dass sie viel weniger Angst verspürte als zuvor.

›Wenn der Stress mich packen will, dann denke ich einfach an meine guten Erfahrungen, die ich machen durfte. Ich kann es schaffen. Ich bin dabei, es zu schaffen.‹«

Rosalie Hooper-Thomas

Nichts verdrängt unerfreuliche Gedanken so wirksam wie die Konzentration auf erfreuliche Gedanken.

Hans Selye

WEG 3

Setzen Sie Prioritäten

Ich muss die Uhr beherrschen, nicht die Uhr mich.
Golda Meir

Busy ist zweifellos der Begriff, der heutzutage im Vordergrund steht. Eltern zum Beispiel erstellen Listen mit tausend Dingen, die täglich zu erledigen sind und die ihnen keine Freizeit mehr lassen. Sie sind Taxifahrer für ihre Kinder und fahren sie zum Sport, zur Nachhilfestunde und zum Musikunterricht. Sie müssen auch die Hausaufgaben der Kinder beaufsichtigen und Zeit für Verpflichtungen in der Gemeinde einplanen. Abgesehen von diesen außerplanmäßigen Aktivitäten müssen Eltern Zeit finden, ihrer Arbeit nachzugehen, Mahlzeiten zu bereiten, das Haus zu putzen, die Wäsche zu erledigen – und nebenbei ehrenamtliche Aufgaben zu erfüllen, ausgedehnte Familienbeziehungen zu unterhalten und zu schlafen. Das Letztgenannte ist übrigens die leichteste Aufgabe, denn der Schlaf stellt sich vor lauter Erschöpfung von selbst ein.

Wir wären gut beraten, uns daran zu erinnern, dass alle Menschen pro Tag die gleiche Anzahl von Sekunden zur Verfügung haben (86 400 Sekunden). Niemand verfügt über eine Sekunde mehr oder weniger. Nun können wir alle unsere Zeit Tag für Tag nach unserer Wahl gestalten. Welchen Vorrang wir den Dingen einräumen und wie wir die Zeit verwenden, bestimmt unsere Lebensqualität.

Es gibt eine alte Geschichte über drei Maurer, die Ziegelsteine aufeinander legen. Ein Mann geht auf sie zu und stellt jedem der drei die gleiche Frage: »Was machen Sie da?« Der erste Maurer spuckt auf die Erde und schaut auf. »Ich lege Ziegelsteine. Wonach sieht es denn wohl sonst aus?« Der zweite Maurer seufzt und zieht eine Grimasse: »Ich verdiene meinen Lebensunterhalt.« Der dritte Maurer schaut mit leuchtenden Augen auf: »Ich baue an einer Kathedrale.« Wer von ihnen fühlt sich Ihrer Meinung nach am Ende des Tages am frischesten? Wessen Sicht ist die positivste und lohnendste?

Ähnlich heißt es in einem Sprichwort: »Gedanken sind Dinge.« Unsere Einstellungen und Auffassungen bestimmen, welche Schwerpunkte wir in unserem Leben setzen. Damit unser Tag ausgeglichen und gesund verläuft, müssen wir unsere Entscheidungen für den Umgang mit der Zeit sorgfältig treffen und bestimmen, was wirklich wichtig ist. Wir können die Gegenwart eines Freundes nicht genießen, wenn wir erschöpft sind und uns hin- und hergerissen und überfordert fühlen. Wir können die Geschenke und den Segen, der sich vor uns auftut, nicht wahrnehmen, wenn wir die Straße hinabschauen und auf die nächste potenzielle Krise warten. Wir können die »Kathedrale« nicht sehen, wenn wir uns auf die »Ziegelsteine« oder den »Gehaltsscheck« konzentrieren.

Wir müssen anfangen uns zu fragen: »Was ist wirklich von Bedeutung?« Unser Leben würde wahrscheinlich ganz anders verlaufen, wenn wir uns diese Frage öfter stellen würden. Vielleicht würden wir dann beschließen, mit unserem Kind den Drachen steigen zu lassen, anstatt Überstunden zu machen, oder wir würden mit einem Freund ins Kino gehen, uns in den Garten setzen und die Schönheit der Dämmerung beobachten, Gottes Antlitz in einem Neugeborenen entdecken oder uns mit dem Segen beschenken lassen, bei einer älteren Person zu sitzen und ihren Erinnerungen zu lauschen.

Wird es uns an unserem Lebensende wirklich wichtig sein, dass wir so viele Stunden gearbeitet haben, dass wir in so vielen Ausschüssen aktiv waren und dass wir so viel Geld angehäuft haben? Oder werden wir uns dann wünschen, wir hätten mehr Zeit damit zugebracht, zu lachen, mit unseren Lieben zu reden, uns zu entspannen und unsere Herzen und Seelen mit Leben spendenden Erinnerungen zu füllen? Ich wette, wir würden Letzteres wählen.

Wenn wir unseren Tag so gestalten, dass die wirklich wichtigen Dinge im Vordergrund stehen, dann werden wir das Leben viel mehr genießen und unser Stressniveau senken. Wir werden dann keine Schuldgefühle in den Augenblicken empfinden, die wir mit unseren Lieben verbringen und in denen wir uns Zeit für die Dinge nehmen, die wir wirklich gern tun, einfach um ihrer selbst willen.

Sich entspannen lernen ist keine einfache Lektion. Abschalten ist keine leichte Sache. Wir müssen es trainieren, Prioritäten zu setzen und das Wichtige vom weniger Wichtigen zu trennen.

Lebt nicht wie Unwissende, sondern wie Menschen, die wissen, worauf es ankommt. Nutzt die Zeit.
Der Apostel Paulus (im Epheserbrief 5,15.16)

Setzen Sie Prioritäten

- Wenn Sie nur noch sechs Monate zu leben hätten, was würden Sie mit dieser Zeit anfangen? Schreiben Sie Ihre Gedanken nieder, zum Beispiel:
  - Mit wem würden Sie gern die meiste Zeit verbringen?
  - Was möchten Sie auf jeden Fall noch erledigen?
  - Welche Seite des Lebens ist für Sie die schönste?

- Notieren Sie drei Werte, die Ihnen am wichtigsten sind.
  - Geben Sie ihnen einen ersten, zweiten und dritten Rang je nach Bedeutung.

– Wenn jemand Ihren täglichen Zeitplan kontrollieren würde, wie könnte er diese Werte anhand Ihrer Zeitgestaltung erkennen?

- Erstellen Sie eine Liste von Träumen, die Sie gern in Ihrem Leben erfüllen würden. Schreiben Sie hinter jeden Traum, was Sie tun müssten, damit er Wirklichkeit wird. Seien Sie realistisch. An einem Tag oder innerhalb einer Woche kann sich nicht alles erfüllen.

- Nehmen Sie Ihren Terminkalender und markieren Sie mindestens zwei Termine pro Monat, an denen Sie etwas für sich selbst tun (zum Beispiel ins Kino oder ins Restaurant gehen).

- Setzen Sie sich Grenzen. Berücksichtigen Sie Ihre Antworten auf die drei ersten Fragen (Was würden Sie tun, wenn Sie nur noch sechs Monate zu leben hätten? Welches sind Ihre drei wichtigsten Werte? Welche Träume möchten Sie sich erfüllen?) und setzen Sie Grenzen für die Tätigkeiten, die regelmäßig das Befolgen Ihrer Prioritäten behindern. Zum Beispiel: Wert – am Wochenende Zeit mit meiner Frau und den Kindern verbringen. Grenze – ich werde meine E-Mails fürs Büro nicht am Wochenende einsehen oder am Sonntag Büroarbeit erledigen. Setzen Sie Grenzen für mehrere Tätigkeiten, die Ihnen dabei im Weg stehen, Ihre Prioritäten wahrzunehmen und Ihre Träume zu realisieren.

- Machen Sie sich jetzt gleich auf, um etwas ganz und gar »Nutzloses« zu tun, das jedoch mit Ihren Werten und Prioritäten übereinstimmt: einen geliebten Menschen umarmen, Ihre Lieblings-CD hören, Plätzchen backen, mit Ihrem Kind Basketball spielen, pfeifend mit Ihrem Hund um den Block laufen, ein paar Blumenzwiebeln pflanzen oder einen Schneemann bauen.

- Eine Möglichkeit, die Übersicht über Ihre Prioritäten zu behalten, ist das Schreiben eines Tagebuches. In ihrem Buch *Life's Companion* erklärt Christina Baldwin: »Der Schreibfluss bringt die Tagesordnung unseres Verstandes unterhalb der oberflächlichen Gedanken ans Licht.« Dies ist eine besonders sinnvolle Methode, das herauszulassen, was uns stresst, und danach herauszufinden, ob uns die Aktivitäten des beschriebenen Tages unserem Lebensziel näher brachten. Nehmen Sie einen Stift zur Hand und beginnen Sie zu schreiben. Schreiben Sie vielleicht einfach auf, was an diesem Tag passiert ist. Schreiben Sie über jemanden, mit dem sie zusammengetroffen sind. Machen Sie sich nicht zu viel Mühe, Gedanken zu formulieren; schreiben Sie einfach auf, was Ihnen in den Sinn kommt. Schreiben Sie ohne Unterbrechung. Wenn Sie ins Stocken geraten, schreiben Sie die Namen der Gegenstände im Raum auf und machen Sie dann weiter. Wenn Sie spüren, dass Sie ans Ende gelangt sind, hören Sie auf. Notieren Sie Ihre Gefühle bezüglich der Frage, inwiefern der Tag Ihren Prioritäten entsprochen hat.

Eine Methode, Bluthochdruck zu erzeugen,
ist das Bergsteigen über Maulwurfshügel.
Earl Wilson

Die wichtigen Dinge zuerst

Steve und Joan, seit fünf Jahren verheiratet, hatten beschlossen, eine Eheberatung in Anspruch zu nehmen.

Steve war Mechaniker und arbeitete hart, um für den Unterhalt der Familie aufzukommen. Joan blieb zu Hause und kümmerte sich um die beiden ein und zwei Jahre alten Kinder.

Wenn Steve von der Arbeit nach Hause kam, fand er eine völlig chaotische Küche vor. Das Spülbecken war voller Geschirr, Cornflakes lagen auf dem Boden und überall war Spielzeug verstreut. Vor langer Zeit hatten Steve und Joan beschlossen, dass Steve für das Zubereiten des Abendessens zuständig sein sollte. Doch bevor er sich um das Essen kümmern konnte, musste er erst mal alles sauber machen.

Joan war mit den Anforderungen, die zwei Kleinkinder an sie stellten, überfordert. Es gab nie einen ruhigen, friedlichen Augenblick.

Bis die Kinder gefüttert, gebadet und ins Bett gebracht worden waren, war es frühestens acht Uhr. Dann setzten sich Steve und Joan an den Tisch, um gemeinsam zu Abend zu essen. Steve schaute gern während des Essens fern. Nach dem Essen ging er in seine »Bude«, um weiter fernzusehen. Joan war mit ihrer Weisheit am Ende: »Wie kann er sich nur hinsetzen und ein Fußballspiel ansehen? Ich bin völlig erschöpft. Er hat noch nicht mit mir gesprochen, außer um mir zu sagen, dass die Küche wieder mal das reinste Chaos war.«

Abend für Abend die gleiche Szene. Schließlich kamen sie zur Eheberatung, weil ihnen beiden bewusst geworden war, dass das Leben über eine solche Existenz hinausgehen sollte.

Während der ersten Sitzung beschrieben beide das Verhalten des anderen. Joans Version lautete so: Alles, was Steve macht, ist: arbeiten, nach Hause kommen, die Küche sauber machen, über die Kinder schimpfen, weil sie zu viel Lärm machen, und fernsehen. Steve wiederum fragte sich, was Joan den ganzen Tag machte: Sie ging nicht zur Arbeit, die Kinder schliefen mehrmals am Tag und das Haus war stets ein Chaos. Beide sprachen sehr schroff miteinander.

Eine Lösung wurde angeboten: Wie könnten sie zwanzig Minuten finden, um ohne Kinder und ohne Fernsehen zu zweit zu sein? Nur zwanzig Minuten, um miteinander zu sprechen und einander nah zu sein.

Sie konnten sich zu keinem Entschluss durchringen. Steve sagte, das Fernsehen sei für ihn Entspannung. Er arbeite sechs Tage pro Woche und liebe es, an seinem freien Tag Golf zu spielen. (Joan fragte sich, wann sie einen freien Tag habe.)

Ein paar Sitzungen später begannen sie sich darüber klar zu werden, wie sie ihr Leben gerne hätten. Sie wollten eine glückliche Ehe. Sie wollten gesunde, glückliche Kinder. Sie wollten ein solides Familienleben. Das Fernsehgerät in der Küche wurde als Erstes abgeschafft. Das Abendessen sollte für gemeinsame Gespräche reserviert werden. Es stellte sich heraus, dass die beiden nach dem Abendessen sogar noch ein paar zusätzliche Minuten fanden, um sich auf dem Sofa zusammenzusetzen und zu kuscheln.

Steve beschloss außerdem, dass er nicht jede Woche zum Golfspielen gehen müsse. Und wenn er gehen würde, so war er künftig einverstanden, statt achtzehn nur neun Löcher zu spielen. So würde er mehr Zeit für seine Familie haben.

Joan beschloss, für angenehmere Gespräche zu sorgen, statt Steve ständig Vorträge zu halten und ihn zu korrigieren. Sie beschloss darüber hinaus, die Küche sauber zu halten und bereits mit der Zubereitung des Abendessens zu beginnen, sodass sie mehr Zeit zum gemeinsamen Entspannen haben würden.

Das Einräumen von Prioritäten half ihnen festzustellen, was wirklich wichtig war. Dann schufen sie den Rahmen, um diese Prioritäten zu verwirklichen. Ganz langsam bauten sie den größten Teil des Stresses ab, der ihre Ehe bedroht hatte.

Beende jeden Tag und lass ihn wirklich zu Ende sein.
Du hast getan, was du konntest; vermutlich haben sich ein paar Fehler und Dummheiten eingeschlichen. Vergiss sie, so schnell du kannst. Morgen ist ein neuer Tag und du sollst ihn heiter und gelassen beginnen.
Ralph Waldo Emerson

Zwei linke Schuhe

Jeder Tag unseres Lebens hat einzigartigen Wert. Wenn uns klar wird, dass wir nicht wissen, wie viele dieser wertvollen Tage uns zur Verfügung stehen, dann verlagern wir unsere Schwerpunkte.

Ich wurde einmal eingeladen, auf einer Konferenz in *Utica* zu sprechen. Der Weg von *Albany* nach *Utica,* New York, beträgt normalerweise etwa anderthalb Stunden. Als ich an jenem Morgen erwachte, sah ich aus meinem Schlafzimmerfenster auf 20 cm Schnee, der über Nacht gefallen war. Und es schneite immer noch.

Ich war entschlossen, rechtzeitig in *Utica* einzutreffen. Ich zog mich rasch an, grapschte hastig die nötigsten Dinge zusammen, eilte aus dem Haus und warf meine Aktentasche ins Auto.

Das Autofahren war äußerst schwierig. Die Straßen waren mit Schnee bedeckt und die Sicht war sehr schlecht. Ich konnte nichts anderes tun, als das Lenkrad fest zu umklammern und sehr aufmerksam zu sein. Und ich betete.

Ich kam etwa fünf Minuten zu spät am Tagungsort an. Angesichts der Wetterverhältnisse hatte ich es wirklich gut geschafft. Ich sprang aus dem Auto und schnappte mir die Aktentasche und meine Schuhe. Wegen des Schnees hatte ich Boots getragen. Ich hatte vor, sie im Tagungsraum gegen meine Schuhe auszutauschen.

Die Person am Podium sah mich eintreten. Sie kündigte an, dass ich eingetroffen sei und wir nun beginnen könnten. Während sie die Zuhörer über meinen Hintergrund aufklärte und eine kurze Einleitung über mich gab, zog ich meinen Wintermantel und meine Schneeboots aus. Ich griff in meine Tasche und zog einen blauen und danach einen schwarzen Schuh heraus. Dann stellte ich mit Schrecken fest, dass es nicht nur zwei verschiedenfarbige Schuhe, sondern auch noch zwei linke Schuhe waren! Voll Verlegenheit stand ich da und schaute auf die Schuhe. Ich würde niemals meinen rechten Fuß in den linken Schuh bekommen.

Während ich noch auf meine beiden linken Schuhe starrte, hörte ich die Frau am Podium sagen: »Wir freuen uns, dass Anne Bryan Smollin heute Morgen bei uns ist, um uns dabei zu helfen, mit dem richtigen Fuß zu starten.«

Ich ging auf Strümpfen zum Podium, meine beiden linken Schuhe in der Hand. Ich musste entscheiden, was wichtiger war – meine äußere Erscheinung oder der Inhalt meiner Botschaft. Ich brauche wohl nicht mehr zu erwähnen, dass meine Einleitung großartig ankam. Meine Prioritäten waren gesetzt. Zu einem erwartungsvollen Publikum zu sprechen, mit den Zuhörern zu teilen, was ich gelernt hatte, und sicher angekommen zu sein war wichtiger, als die richtigen Schuhe anzuhaben. Wir konnten alle herzlich über die Geschichte lachen und das ist immer ein guter Beginn für ein Gespräch oder eine Präsentation.

Krankheiten helfen uns zu erkennen, was wichtig und was unwichtig ist. Meine schwer kranke Freundin Rose Ann schrieb mir über ihre Geburtstagsfeier: »Vorher dachte ich immer ›O Gott, schon wieder ein Geburtstag‹ und heute sage ich ›Danke, Gott, ein neuer Geburtstag!‹« Menschen und Leben spendende Momente bekommen eine neue Bedeutung. Dean Ornish sagte: »Liebe und vertraute Beziehungen sind die Wurzel dessen, was uns krank oder gesund, traurig oder glücklich macht, was Leiden verursacht und was uns heilt.« Wie oft werden wir von anderen daran erinnert, dass wir unsere Gesundheit nicht genug wertschätzen, bis wir auf einmal krank werden. Wir ziehen es vor, unsere Entschlossenheit und unser Festhalten an Zeitplänen und Programmen zu demonstrieren, statt uns auf die direkt vor uns liegenden Aufgaben zu konzentrieren. Ich fürchte, dass die meisten von uns langsam lernen – mich eingeschlossen. Außer an jenem Tag, als ich zwei linke Schuhe hatte.

Ein Betrübter hat nie einen guten Tag; aber ein guter Mut ist ein tägliches Fest.
Die Sprüche Salomos 15,15

WEG 4

Seien Sie wirklich präsent

Dies ist der Tag, den der HERR macht.
Psalm 118,24

Es gibt eine wundervolle Geschichte, die uns dazu auffordert, da, wo wir uns befinden, wirklich präsent zu sein und uns der vor uns liegenden Wahrheit zu öffnen. Die Geschichte lautet so:

Ein junger Witwer kam eines Tages nach Hause und fand sein Haus abgebrannt vor. Sein fünfjähriger Sohn war verschwunden. In der Nähe der Ruine seines Hauses lag der verkohlte Leichnam eines Kindes. Der Witwer weinte, weinte und weinte. Nach der Einäscherung des Kindes sammelte er die Asche in einen Beutel und trug ihn Tag und Nacht mit sich.

Doch sein Sohn war bei dem Hausbrand nicht umgekommen. Er war von Banditen entführt worden. Eines Tages entkam der Junge und kehrte zum Haus seines Vaters zurück. Der Sohn kam um Mitternacht an und klopfte an die Tür. »Wer bist du?«, fragte sein Vater. »Ich bin dein Sohn.« – »Du lügst. Mein Sohn starb vor mehr als drei Monaten.«

Der Vater beharrte in seinem Unglauben und ließ die Tür verschlossen. Nach einer Weile ging der Sohn weg und der Vater verlor ihn für immer.

Wir schaffen es so oft nicht, im Jetzt zu leben, und können die Wahrheit, die im gegenwärtigen Moment an die Tür klopft, nicht akzeptieren. Manche Menschen leben in der

Vergangenheit. »Wenn ich nur dies gesagt hätte ... Wenn ich nur jenes getan hätte ...«

Nun, wir können nicht mehr ändern, was gestern passiert ist. Wir haben keine Kontrolle darüber. Wir können ein gesagtes Wort nicht zurücknehmen oder ungeschehen machen, was wir getan haben. Die Vergangenheit ist vorbei. Das Gestern hat keine Kraft, es sei denn, wir klammern uns daran. Genauso hat das Morgen keine Macht über uns, es sei denn, wir machen uns Sorgen darüber. Wir können alle für morgen Hoffnungen hegen, aber niemand von uns kann sich des Morgen wirklich gewiss sein.

Was uns tatsächlich zur Verfügung steht, ist der gegenwärtige Moment. Dieser Moment beinhaltet alles, was wir brauchen. Er beinhaltet Energie und Humor und die nötige Gnade, um in den nächsten Moment hineinzugehen. Sich bremsen und den gegenwärtigen Moment bewusst erleben ist nicht immer einfach.

Das Leben in der Gegenwart erfordert Vertrauen. Wir müssen glauben, dass dieser Moment wichtig ist. Wenn wir absolut alles kontrollieren wollen, dann werden wir wahrscheinlich immer in der Zukunft leben. So planen, organisieren und stimmen wir die Dinge aufeinander ab, damit sie so ablaufen, wie wir uns das vorstellen. Das Problem ist: Wir haben den gegenwärtigen Moment verpasst.

Wenn wir den Augenblick bewusst leben, so öffnet sich unsere Welt für die Überraschungen und Wunder dieses Augenblicks. Genießen Sie einen Atemzug nach dem anderen. Betrachten Sie die Wunder der Schöpfung. Lassen Sie sich vom warmen Lächeln eines Freundes anrühren. Kosten Sie diesen Augenblick aus, dann den nächsten und dann den nächsten. Jeden zu seiner Zeit, jeden allein. Wie ein chinesisches Sprichwort sagt, bringt man das Gras nicht zum Wachsen, indem man daran zieht. Es wächst, wie es wächst, Augenblick für Augenblick.

Im Broadway Musical *The Music Man* versucht der extravagante Handlungsreisende Professor Harold Hill die Bibliothekarin Marian zu einem Rendezvous zu bewegen. Professor Hill bittet Marian, ihn an der Fußgängerbrücke eines Baches im Stadtpark zu treffen. Marian möchte gern hingehen, hat aber Angst. Deshalb lehnt sie ab: »Ein anderes Mal. Vielleicht morgen.«

Hartnäckig fährt Hill mit seinen Bemühungen fort, Marian an der Brücke zu treffen, doch sie findet ständig Entschuldigungen, um das Treffen zu verschieben. Wütend ruft er schließlich aus: »Häufe nur genug Morgen an und du wirst entdecken, dass du nichts anderes als leere Gestern angesammelt hast!«

Wir müssen in diesem Augenblick leben. Ergreifen Sie den gegenwärtigen Moment und wählen Sie das darin verborgene Leben. Nehmen Sie alles und jeden um sich herum wahr. Seien Sie freundlich zu denen, die in Ihrer Nähe sind. Wenn dies unsere letzte Minute auf der Erde wäre, würden wir sie ärgerlich über einen Verkehrsstau verbringen wollen?

Lachen ist eine der Möglichkeiten, bewusst im Jetzt zu leben. Lachen baut Stress ab und befähigt uns, schwierige Augenblicke zu bewältigen. Lachen baut Brücken und hilft uns, konstruktiv mit dem Augenblick umzugehen. Lachen ist ein Segen und es berührt die Seele jedes Menschen. Es hindert uns daran, nach vorn zu preschen oder im Gestern stecken zu bleiben. Das Leben im Jetzt und das Erleben des gegenwärtigen Augenblicks ist ein Geschenk, das wir uns selbst machen.

Ergreife den Tag.
Horaz

Seien Sie wirklich präsent

- Hören Sie für einen Moment mit jeglicher Tätigkeit auf. Sitzen Sie einfach still. Nehmen Sie sich Zeit, um zu beobachten, was um Sie herum passiert. Was sehen Sie? Was hören Sie? Was fühlen Sie? Wenn man Augenblicke bewusst und aufmerksam erlebt, so macht man sich klar, was man gerade tut. Sie leben den einen, wertvollen Augenblick, der sich gerade vor Ihnen auftut.

- Atmen Sie tief ein. Atmen Sie langsam wieder aus. Wiederholen Sie dies fünfmal. Fühlen Sie, wie Ihr Körper sich entspannt. Fühlen Sie den gegenwärtigen Augenblick.

- Machen Sie sich von der Vergangenheit frei. Erschöpfen Sie sich nicht durch das Festhalten am Gestern. Es hat keine Kraft. Das Wichtige geschieht jetzt. In dieser Minute. In dieser Sekunde.

- Nehmen Sie sich Zeit, um mit einem Freund zusammen zu sein. Wenn Sie keine Zeit für ein gemeinsames Abendessen finden, dann rufen Sie einfach nur an. Schicken Sie ihm einen Scherz per E-Mail oder per Postkarte. Sie werden von dieser kleinen Geste mehr beschenkt werden als der Empfänger selbst.

- Gehen Sie hinaus und laufen Sie um den Block oder durch den Park. Nehmen Sie wahr, was um Sie herum geschieht. Schauen, hören, fühlen und riechen Sie einfach nur. Kosten Sie Ihre Sinneswahrnehmungen aus. Wenn Sie beginnen, über irgendetwas nachzudenken – Ihr nächstes Projekt, eine Sorge, eine Entscheidung – konzentrieren Sie sich sachte erneut auf das, was sich direkt vor Ihnen befindet. Wenn es Ihnen hilft, sagen Sie sich selbst vor »Ich laufe gerade« oder »Ich schaue den Wolken zu, die über mir vorbeiziehen«. Nehmen Sie den gegenwärtigen Augenblick in Anspruch.

HERR, du durchschaust mich,
du kennst mich bis auf den Grund.
Ob ich sitze oder stehe, du weißt es,
du kennst meine Pläne von ferne.
Ob ich tätig bin oder ausruhe,
du siehst mich;
jeder Schritt, den ich mache, ist dir bekannt.
Psalm 139,1–3

Rose Ann

Rose Ann und ich waren jahrelang befreundet. Ich habe ihre Kinder heranwachsen sehen und ich habe ihnen öfter aus der Klemme geholfen, als sie je erfahren wird. Ich verbrachte jedes Jahr die erste Ferienwoche im August mit ihrer Familie. Über Jahre hinweg war sie im wirklichen Sinne des Wortes meine Freundin. Wir lachten zusammen, wir schrien zusammen, wir verzichteten während der Fastenzeit gemeinsam auf Süßigkeiten, wir machten gemeinsame Diäten – eben all die Dinge, die zwei Menschen wirklich zusammenschweißen.

Vor rund anderthalb Jahren stellte man bei Rose Ann eine unheilbare Krankheit fest. Sie lebt nun viereinhalb Stunden von mir entfernt und ich versuche sie so oft wie möglich zu sehen. Als ich einmal wieder zu ihr fuhr, bereitete ich mich innerlich darauf vor, wen ich sehen würde. Bei unseren Telefongesprächen hatte ich deutlich gemerkt, dass ihr das Sprechen schwer fiel. Sie konnte nicht mehr laufen und hatte nun einen elektrischen Rollstuhl, so rot wie ein Feuerwehrauto. Rose Ann hatte mir am Telefon gesagt: »Wenn ich gehe, dann gehe ich mit Stil.« Rose Ann hat auch einen abgerichteten Hund namens Bear, der sie führt und beschützt.

Ich wollte meinen Gesichtsausdruck nicht ändern, als ich in ihr Haus trat. Das ist bei Freunden nicht leicht. Sie kannte mich gut und wusste, dass sich meine Gefühle in meinem Gesicht und in meinen Augen widerspiegeln. Ich wollte sie nur schützen – oder vielleicht wollte ich mich selbst schützen. Schließlich war dies meine Freundin.

Ich trat in ihr Haus und sie wartete ängstlich auf meinen Besuch. Sie schaute mich an und sagte: »Gib mir keinen Kuss. Ich habe Durchfall und ich möchte dich nicht anstecken.«

Ich antwortete im selben Moment: »Aha, so bist du also daran gekommen. Ich habe mich schon gewundert.« Alle im Raum Anwesenden brachen in Lachen aus. Gott sei Dank.

Meine Sorge, wie ich mich verhalten sollte, löste sich in der Freude des gegenwärtigen Augenblicks auf.

HERR, von allen Seiten umgibst du mich,
ich bin ganz in deiner Hand.
Psalm 139,5

Sterne in der Auffahrt

Eine Freundin erzählte mir folgende Geschichte:

»Ich wurde spät am Abend von Jos Anruf überrascht. Seit Wochen hatte sie nicht mehr angerufen und nicht auf meine Nachrichten auf ihrem Anrufbeantworter reagiert. Offenbar war irgendetwas los. ›Joyce‹, schluchzte sie, ›ich muss mit dir sprechen. Ich weiß, dass ich mich ziemlich zurückgezogen habe, aber ich brauche jetzt wirklich deine Hilfe. Kannst du rüberkommen?‹

›Okay. Mach uns schon mal Tee. Sieht so aus, als könnten wir den gebrauchen.‹

Jo und ich waren auf dem College Zimmergenossinnen gewesen. Im Gegensatz zu den meisten anderen, die sich ein Zimmer teilen mussten, schlossen wir schnell Freundschaft. Wir waren jeweils Brautjungfer bei der anderen, hatten beinahe gleich alte Kinder, und als sie noch verheiratet war, unternahmen wir gemeinsam Dinge mit unseren Familien. Vor achtzehn Monaten hatte Jos Ehemann Aaron erklärt, er wolle sich scheiden lassen. Ohne Jos Wissen hatte er einen Job in Minnesota angenommen. Er hatte vor, binnen drei Wochen dorthin zu ziehen. ›Ich habe jetzt meine Chance im Leben. Du hast deine schon gehabt‹, schloss er.

Jo und Aaron hatten sich häufiger gestritten, doch diese Ankündigung brachte Jo völlig aus dem Gleichgewicht. Sie wusste, dass sich Aaron über ihr größeres Gehalt, ihren Freundeskreis und – sofern er es zugeben konnte – ihre Kompetenzen ärgerte. Jo liebte die Krankenpflege. Sie hasste den Papierkram und die zunehmende Bürokratie, aber sie lernte es, damit umzugehen. Nach mehreren Jahren hatte sie eine Ausbildung zur Krankenschwester beendet. Ihre Patienten liebten sie, und die Klinik erhöhte laufend ihr Gehalt. Außerdem wurde sie von mehreren Organisationen in Anspruch genommen, um den Vorsitz von Fonds zu führen oder Gespräche zu leiten. Wenn Sie abends aus dem Haus musste, erklärte sich Aaron bereit, zu Hause bei den beiden Kindern zu bleiben. Doch allmählich hatte sich diese Bereitwilligkeit in eine anklagende Haltung umgewandelt. Schließlich wurden kleine Reizungen zu großen Problemen. Nun war er fort.

Während ich Jos Auffahrt hinauffuhr, sah ich, dass in der Küche Licht brannte. Ich musste nicht klingeln. Jo riss die Hintertür auf und fiel schluchzend in meine Arme.

›Joyce, ich bin so ein Versager. Meine Güte, Aaron ist

wirklich ein Schwein. Ich kann so nicht weitermachen. Heute Abend hätte ich beinahe Timmy geschlagen.‹

Ich setzte sie auf einen Stuhl und goss uns beiden Tee ein. ›Du solltest ganz von vorn anfangen. Ich bin nicht auf dem Laufenden.‹

›Joyce, die Dinge haben sich schlecht entwickelt. Ich bin fix und fertig. Heute Abend habe ich die Kinder von der Tagesstätte abgeholt, wie immer spät. Sie waren ganz quengelig deswegen. Das war nun der fünfte Tag in Folge. Aber in der Klinik geht eben auch alles drunter und drüber.‹ Jo war zu Hause mit den immer noch maulenden Kindern angekommen, die schließlich auch noch zu streiten anfingen. Von der Arbeit und den Kindern erschöpft, fand sie das reinste Chaos vor. Ihre Katze Sophie lag ausgestreckt auf dem Kühlschrank, miaute und ignorierte den Schlamassel, den sie angerichtet hatte. Irgendwann während ihrer Streiftouren über die Küchenschränke und Geräte hatte sie das Keksglas von der Anrichte gestoßen. Es war in tausend Scherben zersplittert. Überall auf dem Boden lagen Kekse und Glassplitter zerstreut.

›Ich zerrte Sophie vom Kühlschrank herunter. Sie bekam Angst und begann mich zu kratzen. Das machte mich noch wütender und ich warf sie zur Hintertür hinaus. Dann schrie Timmy, ich hätte Sophie verletzt, und begann zu weinen. Ich hob meine Hand, um ihn zu schlagen, und beherrschte mich erst in letzter Sekunde. Dann kam Pam herein. Ich schrie sie an, sie sollten auf ihr Zimmer gehen, sich umziehen und zum Abendessen fertig machen und mit dem Jammern aufhören. Keiner von beiden hat viel gegessen. Als ich den Kindern sagte, sie sollten sich zum Schlafengehen fertig machen, erhoben sie ausnahmsweise keinen Protest. Als ich in ihr Zimmer kam, um ihnen eine Geschichte vorzulesen – das ist bei uns eine ›heilige‹ Gewohnheit – gaben beide vor zu schlafen.

Joyce, ich kam in die Küche, nachdem die Kinder eingeschlafen waren, und brach einfach zusammen. Die arme Sophie hatte ich auch vergessen. Als ich sie hereinließ, rannte sie sofort ins Wohnzimmer, anstatt sich an meine Beine zu schmiegen. Dann habe ich dich angerufen.‹

Jo begann wieder zu schluchzen. ›Was soll ich nur tun?‹

Wir redeten bis tief in die Nacht. Jo brauchte das. Sie war so lange diejenige gewesen, von der alle abhingen, dass sie vergessen hatte, selbst Hilfe in Anspruch zu nehmen. Als ich nach Hause ging, umarmten wir uns sehr fest. Sie brachte mich zum Auto, und als ich gerade einsteigen wollte, hielt sie mich zurück. Sie starrte hinauf in den Sternenhimmel und sagte: ›Schau mal, Joyce, da ist der Große Bär. Den habe ich schon lange nicht mehr gesehen.‹ Sie machte eine Pause. ›Dann habe ich wohl viele Dinge nicht mehr gesehen, seit Aaron mich verlassen hat. Vielleicht wird alles wieder besser, wenn ich anfange, die schönen Dinge neu zu sehen.‹ Ich wünsche es dir, liebe Jo, dachte ich beim Abfahren.

Jo und ich stehen uns nun näher als je zuvor. Sie ist aus einer Reihe von Ausschüssen ausgeschieden und hat auch das Singen im Kirchenchor aufgegeben. Anstatt verzweifelter Anrufe erhalte ich nun Nachrichten wie die vom letzten Samstagnachmittag. ›Joycie, setz deine Kinder ins Auto. Lass uns zum *Wildcat Mountain State Park* fahren und die Herbstfarben betrachten. Ist dir schon aufgefallen, dass die Eschenblätter beinahe ganz heruntergefallen sind, während die Ahornblätter gerade ausschlagen?‹ So trafen wir uns.

Während die Kinder im Wald herumliefen, saßen Jo und ich auf dem Aussichtspunkt. Ich fragte: ›Wie geht es dir zur Zeit?‹

Jo umfasste lächelnd meine Schulter. ›Es geht mir gut. Ehrlich. Vielen Dank, Joyce. Du hast mich in jener Nacht gerettet. Und die Sterne. Ich weiß, es klingt sonderbar, aber mir wurde auf einmal dort in der Auffahrt klar, dass ich an all den guten Dingen – den kleinen Dingen – vorbeiging. Ich war so in Anspruch genommen von meinem Ärger über Aaron, die Hektik in der Klinik und dieses gewaltige Verantwortungsgefühl für die Kinder, dass ich niemanden und nichts in meiner ummittelbaren Nähe mehr wahrnahm. Nachdem du weggefahren warst, bin ich zu den Kindern hochgegangen. Sie sahen so wertvoll, so wunderschön aus, wie sie da im Schlaf lagen, dass mir der Atem stockte. In dem Moment schwor ich mir, Aaron loszulassen und ab sofort wieder zu leben. Das Leben ist zu kurz, um es einfach so verstreichen zu lassen. Komm jetzt, wir machen den Grill an und helfen den Kindern, ein paar Würste zu braten.‹«

Genau genommen, leben *nur wenige Menschen wirklich in der Gegenwart, die meisten haben nur vor, einmal richtig zu* leben.
Jonathan Swift

WEG 5

Meiden Sie »Verrücktmacher«

Lieber mit einer Bärin zusammentreffen, der man die Jungen geraubt hat, als mit einem unverbesserlichen Narren in seiner Verbohrtheit.
Die Sprüche Salomos 17,12

Manche Menschen haben eine besondere Wirkung auf uns. Sie kennen das Geheimnis, wie man unseren Blutdruck in die Höhe treibt und wie man uns unaussprechlich frustriert. Sie zapfen unsere Energie an, und sobald wir nur ihren Namen hören, macht sich Angst bei uns breit. Diese Menschen schaffen es stets, alles so umzukehren, dass Sie an ihrer Stelle als Versager dastehen. Sie sind wahre Meister des Vorwurfs. Sie kommen immer zu spät zu Versammlungen und Verabredungen und sind immer beschäftigter und wichtiger als irgendjemand sonst. Sie halten Informationen zurück, denn in ihren Augen ist Information gleichbedeutend mit Macht. Solche Menschen geben Ihnen ein Geschenk und erwarten dann von Ihnen, dass sie dieses Geschenk sofort und genau so, wie sie es tun würden, verwenden. Sie verabreden sich mit Ihnen zum Mittagessen und sagen dann ab, weil sie vergessen haben, es in ihrem Terminkalender zu notieren oder weil sich zwischenzeitlich etwas Besseres ergeben hat. Solche Menschen stellen unrealistische Erwartungen an uns. Sie leben nach dem Sprichwort: »Schlaf schneller ... Wir brauchen die Kissen!«

Wenn nur der Name eines solchen »Verrücktmachers« genannt wird – und wir alle kennen solche Menschen –, entsteht bei uns Stress. Es ist eine Belastung, in ihrer Nähe zu sein. Unser Körper versteift sich, unsere Muskeln spannen sich an. Wir fürchten ihr Erscheinen oder ihre Stimme am anderen Ende des Telefons.

»Giftige« Menschen zehren an unserer Energie. Solche Verrücktmacher können häufig den Kategorien Pessimisten, Nörgler, Undankbare oder Manipulatoren zugeordnet werden. Sie sind fast immer negativ. Sie sind der Ansicht, die Welt stehe in ihrer Schuld.

Verrücktmacher sind häufig charismatische Menschen mit großer Überzeugungskraft. Sie erwarten eine besondere Behandlung, kennen keine Grenzen und respektieren niemals die Grenzen der anderen. Wenn wir nicht aufpassen, können sie unser ganzes Leben beherrschen.

Aber diese Menschen haben nur dann Macht über uns, wenn wir ihnen diese Macht zugestehen. Wenn wir seelisch gesund bleiben wollen, sollten wir nicht zu viel Zeit mit solchen Menschen oder mit dem Nachdenken über sie verbringen, sonst werden wir ihre Negativität verinnerlichen. Es gibt keinen Grund, warum wir uns in der Nähe von so viel Chaos und Negativität aufhalten sollten.

Andererseits gibt es wundervolle Menschen, die in unser Leben treten und Spuren in unserem Herzen und unserer Seele hinterlassen. Eddie Pu, Ranger eines Nationalparks in Hawaii, war so ein Mensch. Eddie ist ein rechtschaffener, gläubiger Mann. Er ist ein Mensch, mit dem jeder gern zu tun hat. Und Eddie lächelt oft. Ich fragte ihn einmal, warum er so viel lächelt. Er war erstaunt und sagte: »Ich weiß gar nicht, dass ich immer lächle. Wenn der Wind bläst, flattern die Blätter – sie lächeln. Wenn du einen Stein ins Wasser wirfst und das Wasser kräuselt sich, dann lächelt es. Ich nenne das meine Energie.« Solche Energie bringt uns Leben.

Wenn wir »Lebensspendern« wie Eddie Pu begegnet sind, bleiben wir nicht, wie wir waren. Solche Menschen sind positiv, gesund und geben anderen Energie. Sie ermutigen uns, weiterzumachen. Sie loben und bekräftigen unsere Bemühungen und Erfolge. Sie helfen uns auch, besser zu begreifen, wer Gott wirklich ist: der Lebensspender schlechthin.

Wir können niemanden verändern. Wir haben keine Kontrolle über das Verhalten anderer. Die Menschen handeln so, wie sie handeln wollen, und nicht so, wie wir es uns wünschen. Wir können nur uns selbst ändern. In diesem Kapitel sollen Sie dazu aufgefordert werden, Verrücktmacher zu erkennen und zu meiden und Lebensspender in Ihr Leben aufzunehmen, wenn Sie ein stressfreieres und harmonischeres Leben führen wollen.

Sorgen sind wie Blutdruck: Man braucht ein bestimmtes Maß zum Leben, doch zu viel davon bringt dich um.
Edward M. Hallowell

Meiden Sie »Verrückmacher«

- Erstellen Sie eine Liste mit zehn Freunden, alten und neuen. Sie brauchen keine Rangfolge anzugeben.

- Markieren Sie jede Person, die zu Ihrer Familie gehört, mit einem »F«.

- Markieren Sie jede Person, die seit fünf oder mehr Jahren Ihr Freund ist, mit einem »A« (für alter Freund).

- Markieren Sie jede Person, die seit weniger als fünf Jahren Ihr Freund ist, mit einem »N«.

- Denken Sie über Entscheidungen nach, die Sie gerade fällen. Welchen Einfluss hat jede der genannten Personen auf den Entscheidungsfindungsprozess? Versehen Sie jede Person auf der Liste mit einem Prozentsatz. Geben Sie sich selbst ebenfalls einen Prozentsatz. Insgesamt muss für jede Entscheidung 100 Prozent zusammenkommen.

- Haben Sie irgendeine Person in die Liste aufgenommen, weil Sie meinten, Sie *müssten* das tun? Wenn ja, dann streichen Sie diese Person von Ihrer Liste.

- Ist jemand in Ihrer Liste ein »Verrücktmacher«? Wenn ja, dann notieren Sie, inwiefern diese Person Ihr Leben negativ (und positiv) beeinflusst hat.

- Wenn wir lange Zeit mit einem »Verrücktmacher« zu tun hatten, so wird es einige Anstrengung erfordern, sich von dieser Person zu lösen. Es kann Training erfordern, sich von so einer Person zu befreien. Eine Methode ist das Aufschreiben eines imaginären Dialogs mit der betreffenden Person. Niedergeschriebene Dialoge können als eine Art inneres Rollenspiel verwendet werden, bei dem wir unserem Verrücktmacher »Nein« sagen und versuchen, einige Grenzen mit ihm festzulegen. Geschriebene Dialoge sind auch eine althergebrachte Methode, in die Haut dessen zu schlüpfen, mit dem wir uns im Konflikt befinden und den wir lieben.

Anweisung: Sitzen Sie ruhig und entspannt. Atmen Sie tief durch. Notieren Sie den Namen eines »Verrücktmachers«, mit dem Sie in Dialog treten möchten. Denken Sie über diese Person nach – wie sie aussieht und wie Sie sich in Ihrer Gegenwart fühlen. Als Nächstes, nach einem Moment der Ruhe, schreiben Sie einen Dialog mit dieser Person. Schreiben Sie eine Frage auf, die Sie dieser Person stellen wollen oder einen Satz, den Sie ihr sagen möchten. Notieren Sie dann die Antwort der Person. Manchmal ist es ein guter Start, mit den Grenzen zu beginnen, die Sie mit dieser Person vereinbaren wollen. Schreiben Sie, wie es Ihnen in den Sinn kommt. Schreiben Sie so lange, bis die Unterhaltung beendet ist. Fragen Sie sich nun, ob Sie hinsichtlich der Beziehung zu dieser Person irgendwie tätig werden sollten.

- Wenn Sie mit jemandem zusammenarbeiten, der häufig Frust bei Ihnen auslöst, so sagen Sie sich, dass diese Person tut, was sie kann. Wenn wir unser Denken verändern, verändern wir auch unsere Gefühle. Denken Sie daran: Die Tatsache, dass Sie mit einem »Verrücktmacher« zusammenarbeiten, ist kein Grund, ihn mit nach Hause zu nehmen. Lassen Sie den Frust, den diese Person bei Ihnen auslöst, am Arbeitsplatz.

- Verbringen Sie Zeit mit den Menschen, die Ihnen wichtig sind. Wir sind oft so beschäftigt, dass wir uns nicht die Freude gönnen, mit denen zusammen zu sein, die wir lieben.

Ein echter Freund hält fester zu dir als ein Bruder.
Die Sprüche Salomos 18,24

Versöhnung

Ich habe eine alte Freundin, die ich im Kindergarten kennen gelernt habe. Im Laufe der Jahre ist unsere Freundschaft gewachsen und sie hatte großen Einfluss auf mein Leben. Tatsächlich wurde sie immer mehr wie ein Mitglied der Familie. Sie verbrachte manche Ferien bei uns zu Hause und wir fuhren fast jeden Sommer zusammen in Urlaub.

Im Verlauf von 38 Jahren blühte unsere Freundschaft. Und dann schien es plötzlich, als hätte sie mich aufgegeben.

Wir wurden beinahe Fremde. Sie hatte keine Zeit mehr für mich, und wenn ich sie anrief, war sie immer in Eile und kurz angebunden. Sie lehnte gemeinsame Ferien, Restaurantbesuche und alle anderen Aktivitäten ab, die zuvor Teil unserer Routine waren.

Ich fühlte mich hilflos und verloren. Wie sollte ich herausfinden, was nicht in Ordnung war, wenn sie noch nicht einmal auf meine Anrufe reagierte? Alle Versuche, eine Antwort zu bekommen, schlugen fehl. Sie grenzte sich völlig von mir ab und schloss Freundschaft mit einer anderen Person. Es gab keinen Platz mehr für mich.

Der Verlust meiner Freundin war so, wie ich mir eine Scheidung vorstelle. In dieser Krisenzeit war es sehr schwer für mich, irgendein Licht am Ende des Tunnels zu sehen. Mein Kopf war ständig voll mit Gedanken und Ängsten rund um diesen Freundschaftsbruch. Loslösen schien unmöglich zu sein. Sie war ein »Verrücktmacher« in meinem Kopf geworden.

Der Heilungsprozess dauerte lange. Ich konnte die Situation, die mir widerfuhr, nicht ändern, aber ich konnte bestimmen, auf welche Weise ich damit umgehen würde. Die alte Weisheit, dass der Schmerz uns stärker macht, bekam Bedeutung für mich. Ich sagte mir immer wieder vor, dass alles seinen Preis hat. Ein jüdisches Sprichwort sagt: »Zum Wohl der Blumen begießen wir auch die Dornen.« Während eines großen Teils dieser traumatischen Zeit war ich mir nur der Dornen und des Leidens bewusst. Die Gnade der Situation entging mir völlig. Ich war nur mit dem beschäftigt, was gewesen war oder was sein könnte.

Ich hatte andere Freunde. Sie halfen mir, aber ich musste immer noch den Schmerz und die Kränkung ertragen. Wir müssen alle unseren eigenen Schmerz besitzen. Dann können wir – hoffentlich – dadurch wachsen und uns von ihm lösen. Katharine Hepburn bemerkte einmal: »Wenn man durchs Leben geht, lernt man, dass man nur vorwärts kommt, wenn man mit seinem eigenen Kanu paddelt.« Der Preis dieses Paddelns war nicht gering. Ich musste meine eigenen Gaben und Stärken in Anspruch zu nehmen. Es erforderte große Flexibilität, um eine neue Seite meines Ichs kennen zu lernen und Gaben zu entdecken, die mir zuvor nicht bewusst gewesen waren.

Jene Freundin sprach fünfzehn Jahre lang nicht mit mir. Während all dieser Jahre lernte ich, dass die Zeit den Schmerz erträglicher macht. Ich musste loslassen und mich für neue Beziehungen öffnen. Meine Wunden waren recht gut verheilt.

Ich hatte mich häufig mit dem Stressprinzip beschäftigt: »Verschwende nicht deine Zeit mit dem Bemühen um Freundschaft mit einem verrückten Hund.« Wenn jemand beschließt, dass er in meinem Leben keine Rolle spielen will, oder wenn er nicht so reagiert, wie ich mir das wünsche, so ist es besser, sich abzuwenden und heilsamere und positivere Menschen zu finden. Meine Freundin war mir immer noch wichtig; aber mir wurde bewusst, dass dies nicht bedeuten musste, dass ich ihretwegen auf ewig zu leiden hätte. Ein altes russisches Sprichwort sagt: »Wenn du nahe am Friedhof wohnst, kannst du nicht um jeden weinen, der stirbt.«

Die Geschichte hat ein Ende. Ich hatte ein paar Leute zum Essen eingeladen und ging dafür einkaufen. Lebensmittelgeschäfte sind immer ein Erlebnis für mich. Ich gerate offenbar immer in die falsche Schlange – da, wo gerade ein Preis nachgeprüft werden muss oder wo jemand nicht genug Geld hat und entscheiden muss, welche Waren er wirklich braucht.

Bei meinem Einkauf an jenem Tag teilte mir die Kassiererin mit, dass die Person vor mir die letzte wäre, die bedient würde. Ich gab meine übliche Antwort, dankte ihr und schob meinen Wagen zu einer anderen Kasse. Ich passste nicht auf und stieß mit meinem Wagen gegen den Wagen einer anderen Person. Ich schaute auf und entdeckte meine alte Freundin.

Ich lächelte. »Hi. Wie geht's dir?«

»Gut. Und dir?«

Ich blickte mich geschockt um und sagte: »Sprichst du mit mir?« So begann ein zwanzigminütiges Gespräch.

Ich werde mein Leben lang für diese zwanzig Minuten dankbar sein. Viele heilsame Worte wurden gesagt. Ich fragte sie, warum sie diesmal mit mir sprach. Schließlich hatte sie fünfzehn Jahre lang nie geantwortet, wenn ich sie anrief oder sie persönlich ansprach.

Sie sagte, dass ich gelächelt hätte, als ich sie anschaute.

Als ich nach Hause fuhr, musste ich erneut lächeln und mich wundern, wie viel Macht im Augenkontakt und in einem Lächeln liegt! Lächeln ist ein Segen, den wir uns gegenseitig geben. Lächeln sendet positive Signale zum Herzen des anderen und sorgt für Trost. Und es hilft auch der Person, die lächelt!

Die Geschichte über meine alte Freundin geht noch weiter. Seit jener Begegnung haben wir ein paar Mal miteinander zu Mittag gegessen. Der Heilungsprozess hat begonnen. Nein, es ist nicht mehr die alte Freundschaft. Nachdem ich einmal verletzt wurde, gehe ich langsam und vorsichtig vor. Aber wenigstens können wir miteinander reden. Und wir haben ein paar Mal miteinander gelacht. Wir sind dabei, neue Erinnerungen zu schaffen. Phyllis Diller hatte sicherlich Recht, als sie sagte: »Ein Lächeln ist eine Kurve, die alles geradebiegt.«

Eine traurige Seele kann dich schneller, sehr viel schneller töten als ein Krankheitserreger.
John Steinbeck

Bis hierher, Mary

»Ich habe eine Menge Zeit meines Lebens damit zugebracht herauszufinden, wie ich cool und gelassen bleiben kann, während die Welt um mich herum vibriert – insbesondere wenn ich mit Menschen zu tun habe, deren gute und schlechte Launen mich offenbar beeinflussen. Ich bin mit der Idee groß geworden, dass ich mit jedermann zurechtkommen muss, und wenn ich jemanden nicht mögen sollte (oder wenn mich eine Person, die ich eigentlich mag, verrückt macht), dann sollte ich trotzdem freundlich und ruhig mit dieser Person umgehen.

Im Laufe der Jahre bin ich vielen Menschen begegnet, die meine inneren Reserven strapaziert haben. Leute, die ohne Punkt und Komma reden oder die offenbar ständig in Bewegung sind, können für mich ruhige, introvertierte Person eine echte Herausforderung sein. Es erfordert auch viel Kraft für mich, mit Menschen konfrontiert zu werden, die negativ oder klatschsüchtig sind oder die ständig um Aufmerksamkeit ringen.

Vor einigen Jahren hatte ich eine Freundin, die perfekt zu mir zu passen schien. Mary war etwa ein Jahr vor unserer ersten Begegnung von Washington D. C. hergezogen. Sie war intelligent und belesen und interessierte sich für viele Dinge, die auch mich interessierten. Wir unternahmen viel miteinander. Wir gingen gemeinsam zu Freizeiten, diskutierten über Bücher und bedauerten uns gegenseitig, weil wir beide in einer kleinen Stadt gelandet waren, nachdem wir zuvor in einer großen Metropole gelebt hatten. Durch sie lernte ich neue Autoren geistlicher Literatur kennen. Ich freute mich, eine Freundin wie Mary zu haben, die – wie ich dachte – so viele meiner Werte und Interessen teilte. Doch nach einer Weile begann ich mich mit unserer Freundschaft unwohl zu fühlen. Ich hätte es nicht konkret benennen können, außer dass mein Mann regelmäßig die Frage stellte, warum ich mit Mary befreundet bliebe, obwohl sie mich offensichtlich stresste.

Mary war ausgebildete Lehrerin und arbeitete nun als Sekretärin bei einem kleinen Beratungsunternehmen. Sie waren auf Personalvermittlung spezialisiert und hatten großen Erfolg. Mary war zwei Jahre zuvor aus der Großstadt in unsere kleine Stadt gezogen und konnte keine Lehrerstelle finden, daher hatte sie schließlich diesen Job angenommen. Im Laufe der Monate beklagte sie sich immer häufiger über die anderen Angestellten in ihrem Büro. Sie hatte offensichtlich eine besondere Abneigung für einen der Firmeninhaber. Sie war regelrecht besessen von den Unzulänglichkeiten, die sie bei dieser Person entdeckte.

Wenn Mary und ich zusammen waren, so machte sie stets – egal, was wir unternahmen – ein paar Kommentare über ihre Chefin. Ihre Bemerkungen waren bitter, sarkastisch und manchmal sogar boshaft. Sie rief mich häufig zu merkwürdigen Zeiten an. Eines Morgens klingelte das Telefon um sechs Uhr.

›Ich weiß, dass du und dein Mann früh aufstehen, also dachte ich, es wäre in Ordnung, jetzt anzurufen. Ich muss dir unbedingt erzählen, was gestern Abend mit meiner Chefin passiert ist. Sie ist so unfähig. Ich weiß einfach nicht, was ich tun soll.‹ Dann begann sie gehässig über die Dummheit ihrer Chefin herzuziehen.

All meine Vorschläge, die ich anzubringen versuchte, gingen in ihrem Wortschwall unter. Natürlich bemerkte sie auch nicht meinen eisigen Ton, der sie darauf hinweisen sollte, dass ein Anruf um 6 Uhr morgens einfach inakzeptabel sei. Ich sagte jedoch nichts; denn ich dachte, als Freundin müsse ich jederzeit für sie zur Verfügung stehen. Die ständig zunehmenden Telefonate riefen jedoch zwischen meinem Mann und mir einen gewissen Stress hervor.

Eines Tages schließlich löste sich diese ganze falsche Loyalität, die ich Mary als Freundin schuldig zu sein glaubte – und die vielleicht sogar blinde Ergebenheit war – abrupt in Nichts auf. Ich hatte genug. Während einer Phase, in der ich eine schmerzvolle Erfahrung durchmachte, hatten wir uns zum Mittagessen mit unserer gemeinsamen Freundin Kathy verabredet. Es war mein Geburtstag und ich freute mich darauf, mit guten Freunden zusammen zu sein. Wir trafen uns in einem beliebten Restaurant, wo es hervorragende *Bagels, Muffins* und andere leckere Dinge gab. Kathy war ein ausgeglichener Mensch, der mit beiden Beinen fest auf dem Boden stand, und so freute ich mich auf eine Stunde mit sympathischen Gesprächspartnern, die mir Kraft geben würden. Es kam anders.

Ohne uns zu fragen, lud Mary eine andere Frau, die allein im Restaurant saß, zu unserem gemeinsamen Mittagessen ein. Mary kannte diese Frau, doch Kathy und ich kannten sie nicht. Der Neuankömmling machte einen netten Eindruck und normalerweise hätte mich diese Situation nicht gestört. Aber es war mein Geburtstagsessen und ich wollte mit Mary und Kathy allein sein. Wie zu erwarten war, ließ sich Mary während des gesamten Essens über die Unfähigkeit ihrer Arbeitgeber aus. Schließlich fragte ich sie, warum sie in dieser Firma bleibe.

›Du verstehst das eben nicht. Ich muss bleiben, weil ich den Job brauche‹, fuhr sie mich an.

Verletzt und frustriert saß ich für den Rest meines Geburtstagsessens still auf meinem Platz. Mir wurde bewusst, dass ich mich weit weg wünschte. Meine Schultern waren angespannt und mein Nacken hatte sich versteift. Ich wollte mir Marys Klagen einfach nicht mehr anhören. Ich hatte auf eine wohltuende Unterbrechung des schmerzvollen Durcheinanders, das ich gerade durchlebte, gehofft; stattdessen war ich erneut in die Falle von Marys endlosem und zwanghaftem Ärger getappt. Genug war genug.

Nachdem ich das Restaurant verlassen hatte, dachte ich darüber nach, was Mary und ich jeweils zu unserer Beziehung beitrugen und was wir jeweils vom anderen empfingen. Ich kam zu dem Schluss, dass meine Beziehung zu Mary nicht dem entsprach, was ich von einer Freundschaft erwarte, und dass ich nicht gezwungen war, allein aus Loyalität mit ihr zusammenzubleiben.

Damals war die Entscheidung, Mary nicht mehr zu treffen, sehr schwierig; denn ich fürchtete, dass sie schlecht von mir denken würde. Außerdem war ich traurig darüber, eine Freundschaft zu beenden, die zu Beginn so viel Potenzial zu enthalten versprach. Doch der Stress, den unsere Beziehung in mir auslöste, wog weit schwerer als diese Bedenken. Ich konnte mich für die Beziehungen entscheiden, die mir wohl taten und mir Kraft gaben. Ich war nicht gezwungen, Beziehungen aufrecht zu halten, die diese Qualität nicht aufwiesen. Es gab schon genug Wirren, die ungebeten in mein Leben eindrangen. Es war wirklich nicht nötig, dem Stress Tür und Tor zu öffnen, den Mary stets bei mir auslöste.

Seitdem bin ich auf der Hut vor Menschen, die meine Kraftreserven aufzehren. Ich versuche nun, meiner inneren Stimme zu gehorchen, wenn sie mir sagt, dass mit einer bestimmten Person irgendetwas nicht in Ordnung ist. Ich habe auch gelernt, dass Beziehungen nicht alles oder nichts sein müssen – man muss nicht entweder völlig zusammenkleben oder gar nicht befreundet sein. Ich bin vorsichtig, wenn ich bemerke, dass man meine Zeit nicht respektiert oder dass es einer Beziehung an Gegenseitigkeit fehlt. Und wenn sich jemand ständig in der Krise befindet, so versuche ich, mich nach mehreren Versuchen zu helfen aus der Beziehung zu lösen.

Manchmal kommt es vor, dass mich meine Freunde ein

wenig herunterziehen, und ich bin mir sicher, dass ich umgekehrt das Gleiche mit ihnen mache. Einige meiner Freunde sind sehr extrovertiert und tendieren zum Schwatzen, wenn sie nervös sind oder wenn sie mit mehreren Ereignissen konfrontiert werden. Ich habe gelernt, in ihrer Gegenwart Ruhe zu bewahren und sie auch wissen zu lassen, wann ich eine Pause brauche. Es passiert immer noch, dass ich mich vom Sturm mitreißen lasse, aber in der Regel gelingt es mir, wieder festen Boden unter den Füßen zu finden.

Es hat einige Zeit gedauert, bis ich ›Verrücktmacher‹ in meinem Leben erkannt habe. Ich hatte immer geglaubt, ich sei diejenige, die die Lage nicht meistern konnte. Meine Erfahrung mit Mary hat mich gelehrt, dass es Menschen gibt, von denen ich mich zurückziehen soll.«

Rosalie Hooper-Thomas

Einen wahren Freund halte mit beiden Händen fest.
Sprichwort aus Nigeria

WEG 6

Halten Sie sich an Gleichgesinnte

Zwei sind allemal besser dran als einer allein.
Der Prediger Salomo 4,9

Soziale Bindungen sind von so grundlegender Bedeutung, dass manche Forscher eine gute Gesundheit mit einem positiven Freundes- und Familienkreis in Verbindung bringen. Positive Beziehungen können Stress vermindern. Wenn wir jemanden haben, an den wir uns wenden und mit dem wir unsere Erlebnisse und Gefühle teilen können, so hat das eine durchgreifende Wirkung auf unsere mentale und physische Gesundheit. Wir alle brauchen Menschen in unserem Leben, die positiv, heilsam und wohltuend für uns sind. Menschen, die uns mögen. Menschen, denen wir wichtig sind. Um unser Gleichgewicht aufrecht zu halten, brauchen wir Familie, Freunde und für uns bedeutsame Menschen.

Eine gute Methode der Stressreduzierung ist das Halten eines Haustiers. Tiere bieten uns bedingungslose Annahme. Tatsächlich haben Studien gezeigt, dass Leute, die ein Haustier halten, länger leben. Auch die Teilnahme in sozialen Gruppen – Gemeinschaften, Kirchengemeinden, Clubs, Sportvereinen – kann Stress vermindern.

Eine Psychologin der Universität Michigan, Barbara Fredrickson, hat sich sehr intensiv mit dem Glücklichsein beschäftigt. Sie fand heraus – und das überrascht uns wirklich nicht –, dass es eine gute Sache ist! Fredrickson zeigte, inwiefern Glücklichsein ein Gegenmittel gegen Stress ist: Der Pulsschlag beruhigt sich und Angst, die zu Herzkrankheiten führen kann, wird gelindert. Sie erläutert, dass positive

Emotionen die Denkfähigkeit erweitern. Wenn wir negativen Gedanken nachgeben, so schränken wir unser Denken ein; denn unsere Gedanken drehen sich dann im Wesentlichen um empfundene Bedrohungen, auf die wir uns konzentrieren. Glücklichsein ermöglicht es dem Geist zu wandern, zu erfinden und kreativ zu sein. Glücklich und gesund zu leben ist eine kluge Lebensweise.

Freunde machen uns glücklich und Glücklichsein ist eine großartige Möglichkeit, Freunde zu gewinnen. Wir alle sind gern mit glücklichen, positiven Menschen zusammen. Fredrickson sagt dazu: »Glückliche Menschen ziehen andere an.« Und sie sagt auch: »Glück erzeugt Glück; denn andere Menschen werden dich verständnisvoll und aufregend finden, und das bewirkt wiederum, dass du dich gut fühlst.«

Also: Halten Sie sich an Gleichgesinnte!

Wenn zwei unterwegs sind und hinfallen, dann helfen sie einander wieder auf die Beine.
Der Prediger Salomo 4,10

Halten Sie sich an Gleichgesinnte

- Nehmen Sie sich Zeit für Menschen, die Ihnen wichtig sind. Wann haben Sie sich zum letzten Mal ausgiebig mit Ihrem besten Freund getroffen?
  - Rufen Sie eine Person an, von der Sie wissen, dass sie sehr gern von Ihnen hören würde.
  - Schreiben Sie einen Brief an eine einsame Person oder an jemanden, der allein lebt.

- Umarmen Sie fünf Menschen, die Sie lieben. Auch wenn sie versuchen sollten, Sie wegzuschieben (Teenager tun das oft), drücken Sie sie trotzdem an sich. Sie werden die Umarmung in ihrem Herzen tragen.

- Schenken Sie jemandem einen Blumenstrauß oder etwas Gemüse aus Ihrem Garten. Die Gabe wird hundertfältig zurückgegeben werden.

- Treten Sie einem Buchclub bei oder schreiben Sie sich für einen Kurs in einer nahe gelegenen Einrichtung ein. Auf diese Weise treffen Sie andere Menschen und stellen eine Verbindung zu ihnen her.

- Beginnen Sie ein Gespräch mit jemandem, den Sie nicht kennen – in der Kirche, im Lebensmittelgeschäft oder am Flughafen. Grüßen Sie einen Fremden höflich. So lernen wir, aufeinander zuzugehen.

- Laden Sie eine Person zum Abendessen ein, der sie absolut nichts schuldig sind.

Ein einzelner Mensch kann leicht überwältigt werden,
aber zwei wehren den Überfall ab.
Der Prediger Salomo 4,12

Helenas Mutter

Vor kurzem hatte ich das Vorrecht, mit einem liebenswerten, intelligenten zehnjährigen Mädchen namens Helena Beratungsgespräche zu führen. Sie war das einzige Kind liebevoller Eltern. Der Direktor ihrer Schule hatte mich gebeten, Helena therapeutische Hilfe zu bieten.

Kurz zuvor waren ihre Großeltern, denen sie sehr nahe gestanden hatte, innerhalb von wenigen Tagen nacheinander gestorben. Helenas Tante starb einen Monat später aufgrund von Komplikationen nach einer Nierentransplantation. Helenas Mutter Joanna befand sich auf einer Warteliste für eine Herz-, eine doppelte Lungen- und eine Nierentransplantation. Der Direktor fragte sich, wie viel ein zehnjähriges Mädchen wohl ertragen könne.

Helena kannte ihre Mutter nicht anders als krank. Sie war daran gewöhnt, dass ihre Mutter Kliniken in *Boston, Pittsburgh* und *Albany* aufsuchte, und fand nichts Ungewöhnliches dabei. Ihre Mutter stand unter einer medikamentösen Behandlung, die so beschaffen war, dass der Zeitpunkt der jeweils nächsten Einnahme genau beachtet werden musste und nur einen Spielraum von sechs Minuten zuließ. Helena wusste, wie die Medikamente einzustellen waren, und tat dies mit der Geschicklichkeit einer erwachsenen Krankenschwester. Joanna begleitete Helena zu den Beratungsgesprächen im Rollstuhl. Auch der Rollstuhl war für die Familie ganz natürlich geworden.

An einem Donnerstag rief Helena mich an und teilte mir mit, dass ihre Mutter ins Krankenhaus eingeliefert worden sei. Ich fand diesen Anruf ungewöhnlich, da Joanna häufig ins Krankenhaus musste. Ich fragte Helena, was ich für sie tun könne. Sie sagte: »Ich wollte nur deine Stimme hören.«

Später am Abend ging ich ins Krankenhaus, um herauszufinden, was vor sich ging. Man führte mich zum Wartebereich im dritten Stock. Helena sah mich, rannte auf mich zu und umarmte ich. Das war die entzückende Zehnjährige, die ich kannte.

Helena bat mich, mit ihr in das Zimmer ihrer Mutter zu gehen. Als wir uns dem Bett näherten, nahm Helena die Hand ihrer Mutter. Sie sagte ihr, dass ich dort sei. Ich versicherte Joanna, dass wir für sie beteten und dass wir füreinander sorgten. Ich sagte ihr, dass wir uns ganz besonders um ihre Tochter kümmerten. Joanna nickte, während ich zu ihr sprach.

Nach mehreren Stunden beschloss ich, das Krankenhaus zu verlassen. Die Anzahl der Familienmitglieder nahm ständig zu, und es war offensichtlich, dass sie sich gegenseitig unterstützten. Helena verstand nicht, warum ich fortging. Ich gab ihr meine private Telefonnummer und sagte ihr, dass sie mich jederzeit und selbst mitten in der Nacht anrufen könne, wenn sie das Bedürfnis habe. Ich versicherte ihr, dass ich am nächsten Morgen wieder da sein würde.

Am nächsten Morgen besprach ich mich mit meiner Sekretärin. Sie teilte mir mit, dass man gegen 11.30 Uhr alle lebenserhaltenden Maßnahmen für Joanna beenden würde. Helena hatte eine Nachricht hinterlassen, in der sie mich bat zu kommen.

Als ich aus dem Aufzug stieg, rannte Helena auf mich zu und rief: »Meine Mutter wird sterben. Meine Mutter wird sterben.«

Die Familie war offensichtlich verwirrt, dass Helena nicht begriffen hatte, wie schwer die Krankheit ihrer Mutter war. Aber Helena war erst zehn Jahre alt und war damit aufgewachsen, dass ihre Mutter häufig ins Krankenhaus ging und dann wieder nach Hause kam.

Die nächsten Stunden waren für die Angehörigen sehr schwierig; sie gingen alle an Joannas Bett, um sich zu verabschieden. Ein Gebetsgottesdienst am Sterbebett war eine Hilfe für uns alle und bereitete uns darauf vor, sie gehen zu lassen.

Joanna starb friedlich gegen 2.20 Uhr mit ihrer Tochter, ihrem Mann und weiteren Angehörigen um sie herum. Traurigkeit, Stress und Kummer würden eine geraume Zeit in dieser Familie präsent sein, doch sie verfügten über einen Vorrat an Liebe, der ihnen beim Heilungsprozess helfen würde. Und ich versprach Helena, dass ich immer für sie da sein würde, wenn sie mich brauchte.

Egal, welche Leistungen du vollbringst – irgendjemand hat dir geholfen.
Althea Gibson

Ein wahrer Freund

»Ich bin eine genesende Alkoholikerin. Diese Worte kommen mir heute leicht über die Lippen – leicht, aber nicht in der Öffentlichkeit –, doch vor einigen Jahren blieben sie mir anfangs eher im Hals stecken. Ein mitfühlender Berater führte mich behutsam zu der Einsicht, dass ich tatsächlich ein Alkoholproblem hatte. Die ersten Tage waren hart, sehr hart. Ich hatte zwar zugegeben, dass ich ein Problem hatte, aber es dauerte noch eine Weile, es wirklich zu akzeptieren. Ich unterzog mich einer ambulanten Behandlung und begann gleichzeitig, Zusammenkünfte der Anonymen Alkoholiker zu besuchen.

Das erste Treffen fand an einem Sonntag in einem Erholungsclub in der City statt. Ich ging dorthin, weil mir meine Therapeuten dazu geraten hatten. Ich hatte immer noch das Gefühl, eigentlich gar nicht dazuzugehören, denn bei dieser Zusammenkunft sah ich lauter Menschen, deren Leben wirklich unvorstellbar war. Menschen, die ihre Arbeit verloren hatten, deren Ehe gescheitert war, und solche, die ihre Freiheit durch mehrere Haftstrafen eingebüßt hatten. Viele der Anwesenden waren vom Gericht dorthin geschickt worden. Ich sah mich mit armen Leuten aus den unteren Bevölkerungsschichten konfrontiert – wenigstens sahen sie in meinen Augen so aus.

Sehen Sie, ich ging einer geregelten Arbeit nach und wohnte in einem wohlhabenden, weißen Vorort. Ich war immer noch verheiratet, ich hatte immer noch meine Arbeit und ich war nie wegen Alkohol am Steuer von der Polizei angehalten worden. Natürlich soll das nicht heißen, dass meine Ehe problemlos verlief oder dass ich meine Arbeit hundertprozentig tat oder dass ich nie mit Alkohol am Steuer gesessen hatte. Aber alles war noch unter Kontrolle. Alles war in Ordnung. So dachte ich.

Nun, bei jenen sonntäglichen Zusammenkünften meldete ich mich gelegentlich zu Wort – in der Regel sprach ich darüber, wie elend ich mich fühlte. Niemand dort konnte all die Probleme, mit denen ich mich herumschlug, wirklich verstehen. Niemand konnte begreifen, wie viel Schmerz ich empfand. *Ich* hatte spezielle Probleme. *Ich* hatte eine besonders schwierige Kindheit gehabt. *Ich* war dermaßen gestresst. Doch trotz allem war ich in der Lage, weiterzumachen. Niemand konnte mich wirklich verstehen.

Im Laufe der Wochen begann ich, aus meiner Selbstversunkenheit aufzutauchen, und nahm einen schlanken, ziemlich kleinen Afroamerikaner wahr, der jedes Mal zu den Zusammenkünften kam. Seine Kleidung war alt und seine Hose wurde statt von einem Gürtel von einer Kordel zusammengehalten. Er trug einen verschlissenen grauen Sportanorak und hatte immer einen dunkelgrauen Filzhut auf. Wenn er sich hinsetzte, nahm er stets den Hut ab und legte ihn behutsam und sorgfältig vor sich auf den Tisch. Ich bemerkte, dass er gewöhnlich nicht viel sagte. Er erzählte uns, dass er vom Gericht zu den Anonymen Alkoholikern geschickt worden war. Ich nahm von ihm Notiz, aber ich wusste, dass ich nichts mit ihm gemeinsam hatte. Ich hatte Mitleid mit ihm und seiner Lage, doch mir kam keineswegs der Gedanke, dass wir etwas gemeinsam haben könnten.

Nach einiger Zeit begann dieser behutsame, zerbrechliche Mann zu reden. Er sprach darüber, dass er einsam und ängstlich war und nie das Gefühl hatte, irgendwo zu Hause zu sein. Seine Einsamkeit und seine Ängste waren für ihn so schmerzhaft, dass nur das Trinken vorübergehend vergessen half. Und nicht nur *ein* Drink. Er wusste, dass er sich nach dem Trinken noch schlimmer fühlte, aber er konnte einfach nichts dagegen tun. Ich war wie betäubt! Dieser schwarze Mann aus der Innenstadt, der statt eines Gürtels eine Kordel trug, sprach über *meine* Einsamkeit, *meine* Ängste und *meinen* Schmerz. Wie konnte er darüber Bescheid wissen? Ich begann, ihm und den anderen aufmerksamer zuzuhören. Ich hatte Menschen gefunden, die nicht nur das Gleiche fühlten wie ich, sondern die auch bereit waren, ihr Alkoholproblem zuzugeben und zu akzeptieren.

Während dieser Anfangszeit nahm ich zusätzlich an einigen Zusammenkünften der Anonymen Alkoholiker teil, die an einem Ort stattfanden, der näher an meinem Zuhause lag. Ich hörte auf, zu dem sonntäglichen Treffen in der Innenstadt zu gehen. Ein Frauentreffen war für mich besonders hilfreich; denn wir konnten über Themen sprechen, die bei einer allgemeinen Zusammenkunft vermutlich nicht angebracht gewesen wären. Diese Frauen sorgten klug dafür, dass ich ehrlich blieb. Bei diesem Treffen stieß ich auf die Frau, die meine Patin werden sollte. Sie war sehr hart zu mir. Manchmal machte sie mich ganz verrückt. Aber sie kannte sich mit dem Alkohol ganz genau aus und sie wusste, was ich brauchte, um auf dem Weg der Genesung zu bleiben.

Fünf Jahre später zog ich fort aus der Stadt, in der ich ›trocken‹ geworden war. Ich fand neue Zusammenkünfte und eine neue Patin. Ich ging weiterhin zu wöchentlichen Zusammenkünften; denn ich wollte mit Menschen zusammen sein, die mein unglückliches Leben begriffen und wussten, was nötig war, um nicht rückfällig zu werden. Wenn meine Arbeitstage zu stressig wurden, so half mir eine Zusammenkunft, mich erneut auf die Dinge zu konzentrieren, die für ein gewisses Gleichgewicht in meinem Leben erforderlich waren. Wenn ich nicht auf dem Damm war und nicht wusste, woran das lag, so brachte das, was ich bei einer solchen Zusammenkunft hörte, meistens Einsicht, Klarheit und Frieden in mein Herz.

Einmal wurde ich von einem Freund gefragt, warum ich nach all diesen Jahren immer noch die Zusammenkünfte der Anonymen Alkoholiker brauchte. ›Du wirst doch sicherlich nicht wieder trinken, oder? Warum besuchst du noch diese Zusammenkünfte?‹ Ich versicherte ihm, dass ich keineswegs die Absicht hätte, wieder zu trinken; aber mit Menschen zusammen zu sein, die die heimtückische Natur des Alkohols und den Stress von Alkoholikern kannten, half mir, auf dem richtigen Weg zu bleiben. Es führte mich weiter auf dem Weg zur heiteren Gelassenheit, dem Endziel der Genesung.

Meine Genesungsgruppe ist nicht die einzige Gruppe, die mir Unterstützung und Scharfblick für das tägliche Leben gibt. Viele meiner Freunde erfüllen diese Funktion. Wenn ich heute in Stress gerate oder wenn ich mich auf dem Weg in eine Krise befinde, so bin ich bereit, mich nach denen auszustrecken, die mir zuhören und mich mit ihrer Liebe und ihrem Verständnis tragen. Und einen Teil dieser Entwicklung verdanke ich einem sanften, schlanken schwarzen Mann, der meine Isolation durchbrach, indem er seinen eigenen Schmerz hinausschrie. Möge Gott ihn segnen. Wir können dort verwandte Seelen finden, wo wir am wenigsten damit rechnen.«

Delores T.

Ein Freund ist jemand, der hereinkommt,
wenn der Rest der Welt hinausgeht.
Walter Winchell

WEG 7

Sorgen Sie für Ihren Körper und Ihr Körper sorgt für Sie

Wisst ihr nicht, dass euer Leib ein Tempel des Heiligen Geistes ist, der in euch wohnt?
Der Apostel Paulus (im 1. Korintherbrief 6,19)

Viele von uns wissen, dass wir einen großen Teil unseres Stresses in unserem Körper tragen. Wenn wir gestresst sind, geht unser Blutdruck in die Höhe, unsere Schultern verspannen sich, unser Magen verkrampft sich und unser Atem beschleunigt sich. Unser Immunsystem wird geschwächt, sodass wir leichter krank werden. Es ist bekannt, dass Stress Diabetes und sicherlich auch Herzprobleme beschleunigt.

Doch unser Körper *muss* nicht Opfer des Stresses sein. Unser Körper kann uns vielmehr helfen, mit all den Spannungen und Sorgen fertig zu werden. Drei Praktiken haben sich als besonders wirksam in Bezug auf Stress erwiesen: tiefes Durchatmen, körperliche Bewegung und Ruhe. Jede dieser Praktiken ist direkt verfügbar, viel kostengünstiger als Arztbesuche und für jedermann ganz natürlich.

Erinnern Sie sich daran, wie Sie als Kind geweint haben, wenn Sie vom Fahrrad gestürzt sind. Ihr kleiner Körper wurde von Schluchzen geschüttelt, während Sie nach Mama und Papa riefen, damit sie etwas gegen das Bluten und den Schmerz in Ihren zerschundenen Knien und Ellbogen unternahmen. Sie konnten zwischen den einzelnen Schluchzern kaum atmen. Wir wurden aufgefordert, ein paar Mal tief Luft zu holen. Während unsere Eltern uns in den Arm nahmen, wurde unser Schluchzen zu leisem Wimmern und unser Atem wurde langsam wieder normal. Leider haben viele von uns als Erwachsene begonnen, wie dieses verletzte kleine Kind, das wir einst waren, zu atmen – außer im Schlaf. Nur während des Schlafes atmen wir bis in die Tiefen unseres Zwerchfells durch.

Tiefes Durchatmen ist die erste einfache Technik der Stressreduzierung. Viele von uns müssen dieses tiefe Atmen neu lernen. Die meisten von uns haben vergessen, wie man richtig atmet. Wir neigen ganz selbstverständlich dazu, kurz und flach zu atmen, und unser Körper reagiert darauf mit einem beschleunigten Herzschlag, höherem Blutdruck und dem Ausschütten von Angsthormonen. Unser Kopf reagiert mit negativen Gedanken und Gefühlen von Einsamkeit und Wertlosigkeit.

Tiefes Durchatmen ist von grundlegender Bedeutung für die Gesundheit und für Stresslinderung. In vieler Hinsicht ist es der absolut wirksamste Weg der Stressbekämpfung. Tiefes Durchatmen entspannt uns, wenn wir in Panik geraten oder Angst empfinden. Es lenkt uns von Schmerz und Furcht ab und gibt uns einen Energieschub. Es schärft außerdem unser Bewusstsein. Tiefes Durchatmen bringt uns zur Ruhe, um den gegenwärtigen Augenblick auszukosten.

Wir atmen mehr als zehn Millionen Mal pro Jahr ein und aus. Bei ruhigem Tempo atmen wir etwa zwanzigmal pro Minute ein und aus. Wir haben also jede Menge Zeit zum Atmen. Wenn unser Atem tief und langsam geht, wird der Körper ruhig und entspannt. Der Geist kann ruhen.

Eine zweite Möglichkeit, um mit Stress umzugehen, ist körperliche Aktivität. Bedenken Sie, dass die Betonung auf Aktivität liegt. Es muss nicht unbedingt strenges Training oder Teilnahme an einem Sport bedeuten. Forschungen haben gezeigt, dass selbst zwanzig Minuten körperliche Bewegung pro Tag sowohl unseren Körper als auch unsere Seele lockern. Körperliche Anstrengung, wie zum Beispiel Treppen steigen anstatt den Aufzug benutzen, vom Ende des Parkplatzes bis zum Büro laufen, im Garten arbeiten, mit unserem Hund um den Block spazieren und das Dachgeschoss putzen, können Kalorien verbrennen, unsere Endorphine (körpereigene schmerzstillende Stoffe) mobilisieren, unsere Muskeln stärken, unseren Kreislauf anregen und uns zu besserem Schlaf verhelfen.

Golf, Tennis, Squash und ähnliche Spiele sind zwar eine großartige körperliche Übung; doch die Terminplanung, die Verabredung mit Partnern zum Spielen und die Platzreservierung können unseren Stress noch steigern. Wenn wir ehrgeizig sind, kann ein solcher Sport sogar noch mehr Druck auf uns ausüben. Vielleicht haben Sie die Möglichkeit, an einem Trainingsprogramm teilzunehmen – prima. Ansonsten suchen Sie sich einfach kleine Möglichkeiten, körperlich aktiv zu sein.

Eine letzte Bemerkung zum Thema körperliche Aktivität und Stressabbau. Wenn Sie laufen, dann laufen Sie nur und nehmen Sie Ihre Umgebung bewusst wahr. Wenn Sie putzen, putzen Sie. Wenn Sie Gartenarbeit erledigen, machen Sie nur das. Lernen Sie, sich bei körperlicher Betätigung ganz auf diese zu konzentrieren – nutzen Sie diese Zeit nicht zum Planen oder Sorgenwälzen. Die Zeit der körperlichen Aktivität sollte nur das sein: Zeit für körperliche Aktivität. Gönnen Sie sich eine Pause und Sie werden bei der Rückkehr zur Arbeit erfrischt und fit sein.

Die letzte einfache Technik der Stressreduzierung ist elementar: Ruhen Sie ausreichend. Ohne ausreichende Ruhe sind wir eine leichte Beute für den Stress. Erholsamer Schlaf erfrischt nicht nur den Körper, sondern er ist auch entscheidend wichtig für unser seelisches Wohlbefinden. Mark Mahoward, der Direktor des *Minnesota Regional Sleep Disorders Center* (Regionalzentrum für Schlafstörungen,

Minnesota), sagte: »Wir sind mit der Idee aufgewachsen, dass Schlafentzug ein Ehrenabzeichen ist. Die Leute prahlen nie damit, wie viel Schlaf sie hatten, sondern damit, wie wenig sie geschlafen haben.«

Die *National Sleep Foundation* (Nationale Stiftung für Schlafforschung) klärt uns darüber auf, dass der Schlafbedarf je nach Alter und von Mensch zu Mensch variiert; es gibt jedoch einige allgemeine Richtlinien:

- Kleinkinder: 11 Stunden pro Tag plus 2 Stunden Mittagsschlaf täglich.

- Kinder im Vorschulalter: 11 bis 12 Stunden. Die Hälfte der Kinder dieser Kategorie macht noch einen Mittagsschlaf.

- Schulpflichtige Kinder: rund 10 Stunden.

- Teenager: durchschnittlich 9 Stunden. Studien zeigen, dass die meisten viel weniger Schlaf bekommen.

- Erwachsene: in der Regel 8 Stunden oder mehr. Der Bedarf ist unterschiedlich. Der durchschnittliche Erwachsene schläft 6 Stunden und 45 Minuten pro Nacht während der Woche und 7 Stunden und 35 Minuten pro Nacht am Wochenende.

Wir wissen, dass Menschen mit ausreichendem Schlaf sich geistig klar fühlen, während solche mit Schlafmangel eher verwirrt und emotional sind. Wenn wir nicht genug geschlafen haben und uns etwas Lustiges widerfährt, dann werden wir womöglich albern und fangen an zu kichern. Wenn wir etwas Trauriges erleben, werden wir eher darüber weinen, als wenn wir ausgeschlafen wären. Wenn wir nicht genug Schlaf bekommen haben, fällt es uns schwerer, Frust und Ärger zu kanalisieren. Müde Studenten oder Schüler neigen eher dazu, im Unterricht einzudösen; sie können sich schlechter konzentrieren und haben mehr Probleme, zu lernen und Aufgaben zu lösen. Autofahrer, die hinter dem Steuer einschlafen, können tödliche Unfälle verursachen.

Es ist also wichtig, über einen Schlafplan zu verfügen und sich daran zu halten. Es ist hilfreich, jeden Abend zur gleichen Zeit ins Bett zu gehen. Es ist besser, vor dem Zubettgehen keine koffeinhaltigen Getränke zu sich zu nehmen, sich nicht körperlich zu betätigen und keine Computerspiele zu machen. Diese Dinge machen uns munter. Es ist wichtig, für unseren Körper einen bestimmten Zeitplan einzuhalten. Am späten Abend sollten wir uns möglichst wenig, am Morgen dagegen möglichst viel Licht aussetzen – so bleibt unsere biologische Uhr intakt.

Diese drei Methoden, für unseren Körper zu sorgen, erfordern eine gewisse Selbstdisziplin, aber sie sind nicht so teuer wie blutdrucksenkende Medikamente und Antidepressiva. Sie können mit einer normalen häuslichen Ausstattung durchgeführt werden und sind für jedermann einfach anzuwenden. Aber das Allerbeste ist: Sie sind wunderbar wirksame Mittel, um mit Stress fertig zu werden.

Wenn wir bewusst atmen, erinnern wir uns daran,
dass wir jetzt hier sind; und so sind wir ganz und gar wach
für das, was gerade passiert.
Jon Kabat-Zinn

Sorgen Sie für Ihren Körper und Ihr Körper sorgt für Sie

- Wir können diese Technik erlernen. Das Atmen ist entscheidend, wenn wir ruhiger werden und unseren Körper und unsere Seele sammeln wollen. Atmen Sie so tief

durch, wie es Ihnen bequem möglich ist. Fordern Sie den Atem auf, die tiefer liegenden Teile Ihrer Lungen auszufüllen; drücken Sie das Zwerchfell nach außen und heben Sie so den Magen an. Atmen Sie langsam und tief.
Zählen Sie beim Ausatmen »1«.
Sagen Sie beim Einatmen »und«.
Zählen Sie beim Ausatmen »2«.
Sagen Sie beim Einatmen »und«.
Fahren Sie fort bis 4 und fangen Sie wieder bei 1 an.

Wenn Sie abgelenkt werden oder den Faden verlieren, kehren Sie behutsam zu 1 zurück und beginnen Sie von vorn. Unter Umständen können Sie mit dem Zählen aufhören und sich ganz auf das tiefe Atmen konzentrieren; wenn Sie abgelenkt werden, nehmen Sie das Durchatmen wieder auf. Diese kleine Übung kann den ganzen Tag über wiederholt werden: beim Warten an der Ampel, beim Warten auf Ihr Kind vor der Schule, beim Aussuchen von Lebensmitteln. Atmen Sie ein paarmal tief durch, bevor Sie Ihre Mahlzeit beginnen, und genießen Sie Ihr Essen.

- Nehmen Sie sich täglich zwanzig Minuten Zeit für körperliche Aktivität. Im Folgenden eine Methode, diese Zeit zu gewinnen: Teilen Sie ein Stück Papier in sieben Spalten auf. Tragen Sie in jede Spalte einen groben Zeitplan für jeden Tag ein – nicht einen idealen Zeitplan, sondern den, der Ihrem gewöhnlichen Tagesablauf entspricht. Wenn Sie den Zeitplan skizziert haben, notieren Sie jede körperliche Tätigkeit, die Sie bereits durchführen: zum Beispiel vom Auto zum Büro laufen oder am Morgen zur Kaffeepause gehen. Finden Sie schließlich heraus, wie Sie diese Tätigkeit intensivieren können, sodass Sie von Tag zu Tag ein wenig mehr Bewegung bekommen. Zum Beispiel: Statt eine Parklücke zu suchen, die so nah wie möglich an der Eingangstür des Büros liegt, parken Sie am anderen Ende des Parkplatzes. Statt zur Kaffeepause zu gehen, unternehmen Sie einen fünfzehnminütigen Spaziergang an der frischen Luft oder gehen Sie ein paar Treppen herauf und herunter. Statt unzählige E-Mails zu senden, gehen Sie häufiger in das Büro der einzelnen Mitarbeiter. Machen Sie jeden Morgen einen kurzen Spaziergang, und wenn Sie sich besser fühlen, gehen Sie schneller. Mit anderen Worten: Intensivieren Sie Ihre körperliche Tätigkeit.

- Gönnen Sie sich täglich eine dreiminütige Entspannungspause. Atmen Sie tief ein und halten Sie den Atem an. Spannen Sie gleichzeitig eine Muskelgruppe an, wie etwa die Gesichts-, Arm- oder Beinmuskeln. Lockern Sie beim Ausatmen die angespannten Muskeln und spüren Sie, wie die Anspannung von Ihnen weicht.

- Schlafen Sie einen gesunden Nachtschlaf.
  - Nehmen Sie ein heißes Bad oder hören Sie entspannende Musik.
  - Halten Sie sich an eine regelmäßige Routine. Gehen Sie jeden Tag zur gleichen Zeit ins Bett und stehen Sie auch jeden Tag zur gleichen Zeit auf – egal, ob Sie müde sind oder nicht.
  - Reservieren Sie Ihr Bett für den Schlaf. Vermeiden Sie es, im Bett zu essen oder fernzusehen.
  - Wenn Sie keinen Schlaf finden, stehen Sie auf, gehen Sie in einen anderen Raum und lesen Sie, schreiben Sie Tagebuch oder lösen Sie ein Kreuzworträtsel.

- Wenn Sie bereits ein Bewegungsprogramm durchführen, aber Ihr Stressniveau immer noch zu hoch ist, dann sollten Sie sich folgende Fragen stellen: Überlastet mich das

Bewegungsprogramm? Ist es zur Arbeit geworden? Empfinde ich es als eine zusätzliche Verpflichtung zu all den anderen oder als eine Zeit, in der ich meinem Körper etwas Gutes tue und mir Erleichterung verschaffe? Bin ich so ehrgeizig, dass die Bewegung einen weiteren Leistungstest für mich darstellt? Wenn Sie auf eine dieser Fragen mit Ja antworten, versuchen Sie, a) Ihren Bewegungsplan so abzuwandeln, dass er weniger ehrgeizig ist und weniger Druck ausübt, und/oder b) sich darauf zu konzentrieren, nur die Bewegung um ihrer selbst willen zu genießen.

Zu Fuß und mit leichtem Herzen gehe ich auf die offene Straße, gesund, frei, die Welt vor mir.
Walt Whitman

Eine Wanderung

»Mit Tausenden von anderen Wanderern machten meine Freundin Ellen, meine Frau Joyce und ich ein paar aufwärmende Aerobic-Übungen als Vorbereitung auf den jährlichen *AIDS Walk Wisconsin.* Ich war froh, dass Ellen Joyce und mich auf dieser Wanderung begleiten würde – nicht nur, weil das *AIDS Resource Center* eine gute Sache war, sondern weil Ellens Bereitschaft, an dieser Wanderung teilzunehmen, eine radikale Veränderung in ihrem Leben signalisierte. Als ich sie gefragt hatte, ob sie mich sponsern wollte, hatte sie erklärt, sie wolle mit uns wandern. Sie hatte die Überraschung in meiner Stimme wahrgenommen und mich über die Veränderungen aufgeklärt, die seit unserer letzten Unterhaltung in ihrem Leben eingetreten waren.

›Als ich Franks Büro betrat, wusste ich, dass ich abgeschrieben war. Wir hatten zuletzt über jeden Entwurf, den ich ihm vorgelegt hatte, miteinander gestritten. Der Tropfen, der das Fass zum Überlaufen brachte, war Franks Versuch, mich zurückzustufen, weil ich mich geweigert hatte, ein bestimmtes Cover für eine Werbebroschüre zu machen. Es war sexistisch und kitschig. Ich wollte es einfach nicht so machen. Es wäre für das Image unserer Firma und auch für mich persönlich schädlich gewesen. Ich wollte nicht mit dieser Art von Schund assoziiert werden. Jedenfalls gab er mir einen Brief, in dem es hieß, ich würde entlassen oder ich könnte selbst kündigen. Die Abfindung wäre größer, wenn ich kündigen würde. Er erklärte mir, dass ich hier und jetzt entscheiden müsste. So unterschrieb ich meine Kündigung. Er gab mir zwei Stunden, um das Gebäude zu verlassen. Und das nach zehn Jahren in dieser Firma.

Ich wartete, bis ich draußen war, und brach dann in Tränen aus. Ich spürte eine Mischung aus Ärger, Bitterkeit, Kränkung und Verlegenheit. Mit dem heutigen Abstand glaube ich, dass ich insgeheim auch erleichtert war. Meine Zeichenprojekte machten rund ein Viertel der Firmeneinnahmen aus, aber ich war für Frank eine zu große Bedrohung. Wie so viele andere Manager in diesem Betrieb war er vor langer Zeit zu seiner aktuellen Inkompetenz gelangt. Für einen solchen Einfaltspinsel zu arbeiten war fast ein Jahr lang sehr problematisch gewesen. Ich musste Medikamente gegen meinen hohen Blutdruck einnehmen. Ich hatte dreiunddreißig Pfund zugenommen und hatte seit Wochen nicht mehr gut geschlafen. Ich war körperlich ein Wrack und es ging immer weiter bergab.

Wenn meine finanzielle Situation nicht so angespannt gewesen wäre, hätte ich größere Erleichterung empfunden. Die Arbeitsmarktsituation für Grafikdesigner in *Milwaukee* war nicht gerade berauschend. Die meisten Betriebe suchten billige Anfänger. Da Kevin noch zum College ging, waren wir auf mein Einkommen angewiesen, und so begann ich mich nach einem neuen Job umzusehen. Für eine Weile würden wir zurechtkommen, aber nicht auf lange Sicht.

Und außerdem hatte ich gerade die 50 überschritten. Die ersten paar Interviews, die ich arrangieren konnte, fanden mit Leuten statt, die halb so alt waren wie ich. Sie waren ganz offensichtlich eingeschüchtert. Mir wurde langsam klar, dass es länger als erwartet dauern würde, einen Vollzeitjob in einem Unternehmen zu finden. Die Schwierigkeit der Situation traf mich mit ganzer Wucht. Ich aß zu viel und nach einer Routineuntersuchung bei meinem Arzt wusste ich, dass mein Blutdruck ein gefährliches Niveau erreicht hatte.

Also traf ich zwei Entscheidungen. Zunächst beschloss ich, freiberuflich zu arbeiten, wenigstens so lange, bis ich eine volle Anstellung finden würde. Die zweite Entscheidung hat sich auf lange Sicht als noch wichtiger herausgestellt. Ich beschloss, *Weight Watchers* beizutreten. Ich machte mir klar, dass meine Freundin Alice auf diesem Weg fast achtzig Pfund abgenommen hatte und dass es auch für mich funktionieren müsste. Ansonsten lief ich Gefahr, zu sterben oder eher früher als später einen Schlaganfall zu erleiden.

Zum Glück war Ted einverstanden und unterstützte mich. Ich glaube, er war auch erleichtert. Der ganze Stress hatte mich missmutig und unruhig gemacht und wirkte sich außerdem negativ auf meine Gesundheit aus. Ich begann Punkte zu zählen und anders zu kochen. Anfangs floss eine Menge meiner frustrierten kreativen Energie in das Ausprobieren neuer, kalorienarmer Rezepte. Manche schmeckten hervorragend, andere waren weniger gelungen. Ted war sehr tolerant, er ist wirklich ein wunderbarer Ehemann.

Bei *Weight Watchers* wird man aufgefordert, mindestens zwanzig Minuten täglich körperlich aktiv zu sein. Durch meine freiberufliche Tätigkeit ließ sich das problemlos einrichten. Nachdem ich eine Stunde an einem Projekt gearbeitet hatte, stand ich auf und saugte das Wohnzimmer. Ich stellte einen regelmäßigen Putzplan auf. Mein Haus war so sauber wie seit Jahren nicht mehr. Und ich begann, jeden Tag spazieren zu gehen. In der ersten Woche dachte ich, ich würde sterben. Zwanzig Minuten schienen eine Ewigkeit zu sein. Ich glaube, ich lief nur rund achthundert Meter. Und dennoch, als ich nach Hause kam, taten meine Beine weh, aber ich fühlte mich besser.

Schon bald ging ich dreißig Minuten lang spazieren und dann, wenn ich konnte, eine Stunde. Und jedes Mal fühlte ich mich besser. Die Pfunde purzelten – zwar langsamer, als ich es mir gewünscht hätte, aber sie purzelten. Aber weißt du, was das Beste ist? Ich hatte wieder mehr Energie, ich schlief besser und ich hörte auf, mir so viele Sorgen zu machen. Das Ergebnis ist, dass ich vermutlich die beste Designarbeit seit Jahren auf die Beine stelle.

Als ich mein Zielgewicht erreicht hatte, ging ich zum Arzt in dem Wissen, dass ich meine Blutdruckmedizin nun absetzen konnte. Meine Ärztin war regelrecht geschockt. Zum ersten Mal sah ich sie sprachlos. Mein Blutdruck war tatsächlich hervorragend. Keine Ausgaben mehr für Medikamente. Ich fühle mich großartig.

Ich habe immer noch keinen Vollzeitjob gefunden, aber meine freiberufliche Tätigkeit hält uns über Wasser. Wenn ich bei einem Projekt stecken bleibe oder mich über irgendetwas aufzuregen beginne, nehme ich den Staubsauger zur Hand oder – noch besser – ziehe meine Turnschuhe an und gehe spazieren.‹

Einen Monat nach unserem Gespräch standen wir nun gemeinsam an der Startlinie für die Aids-Wanderung. Ellen machte körperlich und seelisch einen hervorragenden Eindruck. Der Ehrenvorsitzende blies in seine Pfeife und wir begannen alle loszugehen. Die Sonne schien hell und eine kühle Brise wehte vom *Lake Michigan* herauf. Aber das allerbeste Gefühl hing mit der wundervollen Veränderung unserer Freundin Ellen zusammen.«

Carl Koch

Ich habe zwei Ärzte – mein linkes und mein rechtes Bein.
Unbekannt

Zu Hause

Während einer Freizeit erzählte Rose – das ist nicht ihr richtiger Name – ihre Geschichte, wie sie durch Ausruhen, körperliche Bewegung und neu geordnete Prioritäten ihr Gleichgewicht wiedergefunden hat.

Als Dave ins Haus kam, wusste ich, dass etwas Schreckliches passiert war. Er ließ seine Taschen auf den Fußboden in der Eingangshalle fallen. Sein Gesicht war aschfahl. Seine Augen starrten einfach nur geradeaus.

Ich gab ihm einen flüchtigen Kuss und umarmte ihn kurz, bevor ich fragte: »Dave, was ist los? Du siehst schrecklich aus.«

Dave versuchte nicht einmal, ein schwaches Lächeln zustande zu bringen. Er schüttelte den Kopf, als wollte er so Klarheit hineinbringen.

Ich forderte ihn auf, zu duschen und sich frisch zu machen. Danach würden wir zusammen essen. Caitlin, unsere Tochter, war bei ihrer Theatergruppe und unser Sohn A. J. hatte bereits gegessen.

Ich sah zu, wie Dave langsam die Stufen hinaufging. Während ich die Lasagne aufwärmte und Salat für Dave machte, war ich besorgt und voller Angst. Was konnte nur passiert sein?

David nahm eine ausgiebige Dusche. Als er sich an den Tisch setzte, sah er etwas besser aus.

Ich erzählte ihm von den Kindern und von meiner Arbeit und wartete, bis er aufgegessen hatte, bevor ich erneut fragte: »Also gut, Dave, was ist passiert?«

»Ich bin durch ganz Chicago gefahren und habe es nicht gemerkt, bis ich in Gary war. Und das habe ich nur gemerkt, weil ich auf das Warnschild für die Schnellstraße gestoßen bin. Wenn mich das nicht geweckt hätte, wäre ich von der Straße abgekommen.«

»Meine Güte, Dave. Hast du wieder nicht geschlafen?«

»Ich bin so furchtbar müde, Rose. Je besser die Geschäfte laufen, umso größer ist der Druck. Und ich werde einfach immer müder. So kann es nicht weitergehen.«

Mir war klar, dass er so nicht weitermachen konnte. Dave war einundvierzig Jahre alt, aber er sah zehn Jahre älter aus. Ich drängte ihn, ins Bett zu gehen, und sagte: »Morgen nimmst du dir frei.«

»Das geht nicht. Ich habe um 11 Uhr einen Termin für einen neuen Vertragsabschluss und ...«

»Nein, Dave«, unterbrach ich ihn. »Du wirst diesen Termin nicht wahrnehmen. Die Welt wird nicht zusammenbrechen, wenn du endlich einmal für dich selber sorgst. Ich werde mir auch frei nehmen. Und ich möchte, dass du bei Caitlins Aufführung in einem Monat und bei der Abschlussfeier von A. J. dabei bist und dass wir beiden das gemeinsam genießen.«

»Okay«, war die einzige Antwort von Dave. Da wusste ich, dass er am Ende war. Vor jenem Abend hätte er nie in Erwägung gezogen, sich frei zu nehmen.

Die Ironie der Situation konnte uns nicht entgehen. Drei Jahre zuvor hatte Dave seinem Betrieb, in dem er unter höchstem Druck gestanden hatte, den Rücken gekehrt. Als aufgehendem Stern im Unternehmen hatte man von ihm erwartet, hundert Stunden pro Woche zu arbeiten. Ein paar Jahre lang konnten wir damit leben. Das Gehalt und die Vergünstigungen waren großartig. Im letzten Jahr hatte Dave begonnen, immer später nach Hause zu kommen. Die meisten Samstage brachte er damit zu, E-Mails zu beantworten und an seinem Laptop zu arbeiten. Als Dave darauf bestand, seinen Funkrufempfänger, sein Handy und seinen Laptop mit in Urlaub zu nehmen, ging ich schließlich an die Decke. Ich hatte Dave, die Firma und die Tatsache, dass ich mich wie eine allein erziehende Mutter fühlte, satt.

Dave hatte auch schon über eine Veränderung nachgedacht. Er beschloss, seine eigene Beratungsfirma zu gründen, mehr zu Hause zu arbeiten und nur die Jobs anzunehmen, die er wirklich wollte. Während der ersten achtzehn Monate lief alles glatt. Doch ganz allmählich wurden Daves Kompetenz und seine harte Arbeit seine Feinde. Seine Dienstleistungen wurden zunehmend gefragt. Als freiberuflicher Engineering-Berater wagte er nicht, Aufträge abzulehnen, denn er konnte nicht wissen, wie es weitergehen würde. Also nahm er mehr Aufträge an, als er bewältigen konnte. Bald arbeitete er so hart und so lange wie in seiner ehemaligen Firma. Er schlief schlecht und nie genug und war stets mit den Gedanken beim nächsten Projekt und bei allem, was noch erledigt werden musste. Er joggte nur noch selten und gab damit die einzige körperliche Bewegung auf, die er nach dem Verlassen seines vorigen Arbeitsplatzes begonnen hatte.

Wenn ich gegen diesen Stress protestierte und ihn darauf hinwies, dass er wieder in die gleiche Schufterei wie zuvor gefallen war, dann richtete er sich auf, machte irgendeine schlagfertige Bemerkung über »Supermann« und wechselte schnell das Thema. Nachdem er mir erzählt hatte, dass er sich nicht mehr an seine Fahrt durch Chicago erinnern konnte, war mir klar, dass Dave erneut kurz vor dem Zusammenbruch stand.

Zu meinem Erstaunen schlief Dave in dieser Nacht tief und fest. Ich bemerkte, dass er seinen Funkrufempfänger und sein Handy abgestellt hatte und dass er den Laptop unten in der Halle gelassen hatte. Als ich am nächsten Morgen aus dem Bett schlüpfte, rollte sich Dave einfach auf die andere Seite.

Um 8 Uhr rief ich unseren Hausarzt und engen Freund Bill an und drängte auf einen Termin für Dave. Bill sorgte dafür, dass Dave am selben Tag bei der Sprechstundenhilfe einen Termin bekam.

Ich musste einige Zeit entschlossen auf Dave einreden, doch schließlich gelang es mir, ihn um 14 Uhr zu Bills Arztpraxis zu bringen. Ich kam mir ein wenig albern vor, meinen Mann zum Arzt zu fahren, aber ich war zu besorgt, um es nicht zu tun.

Später erzählte mir Dave, was Bill nach der Untersuchung gesagt hatte. »Du bist zu jung, um einen solchen Blutdruck zu haben. Ich habe keine Ahnung, was du dir da antust, aber es ist schlecht. Du hast nun die Wahl zwischen drei Möglichkeiten, Dave: Erstens – du bleibst nicht länger in dieser Mühle, die dich zu zermahlen droht. Zweitens – du veränderst die Situation. Oder drittens – du änderst deine Einstellung und die Art und Weise, wie du mit den Dingen umgehst. Ich weiß nicht, welche der drei Möglichkeiten am besten funktionieren wird. Doch du musst etwas tun. Ich kann dir ein Medikament für den Schlaf geben, aber eigentlich möchte ich das nicht. Wenn du nicht mehr und besser schläfst, wirst du entweder bald erneut in meiner Praxis auftauchen oder aber an einer Leitplanke enden. Und außerdem solltest du dich etwas mehr bewegen. *Du* musst das entscheiden. Aber ich bin sehr froh, dass Rose dich in die Praxis geschleppt hat.«

Als wir nach Hause fuhren, wartete ich auf Daves Bericht. Ich konnte meine Ungeduld nicht länger bezähmen und sagte: »Nun?«

»Was ›Nun‹?«

»Was hat Bill gesagt?« Er konnte einen manchmal wirklich verrückt machen.

»Er hat gesagt, wir sollen die Kinder von der Schule abholen, ein paar Getränke und Knabbersachen einpacken und dann mit den Kindern zum Fluss fahren und picknicken.«

Es gefiel mir, was ich da hörte. Aber ich war nicht zum Spaßen aufgelegt.

»Okay, prima. Das ist ein guter Anfang. Aber was noch?«

»Er hat mir gesagt, ich soll mehr schlafen und mich mehr bewegen.«

»Ist das alles?«

»Das ist eine ganze Menge. Es ist so, als würde meine ganze Welt auf den Kopf gestellt. Aber es ist ein geringer Preis dafür, mit dir alt zu werden. Fahr mal da rechts ran. Stopp.«

Ich war furchtbar erschrocken, aber ich gehorchte. Dave schnallte seinen Gurt ab, rutschte zu mir herüber und küsste mich, wie er es am Anfang unserer Ehe getan hatte.

»Wow«, sagte ich. »Ich glaube, ich werde dich öfter zum Arzt fahren.«

»Nein«, sagte Dave. »Das brauchst du nicht mehr. Ich kann dafür sorgen, dass mein Leben wieder gesund wird. Wir werden vermutlich weniger Geld haben, aber ich werde nie wieder durch Chicago fahren und mich nicht mehr daran erinnern.«

Am siebten Tag hatte Gott sein Werk vollendet und ruhte von aller seiner Arbeit aus. Und Gott segnete den siebten Tag und erklärte ihn zu einem heiligen Tag, der ihm gehört, denn an diesem Tag ruhte Gott, nachdem er sein Schöpfungswerk vollbracht hatte.

1. Mose 2,2.3

WEG 8

Haben Sie Spaß!

Wir müssen nicht glücklich sein, um zu lachen.
Wir müssen lachen, um glücklich zu sein.
William James

In einer Geschichte heißt es: Es war einmal ein Mann, der über ein Feld lief und einem Tiger begegnete. Er rannte fort und gelangte an eine große Klippe, wo er sich an einer Wurzel festhielt und über die Kante der Klippe schwang. Doch am Fuß der Klippe befand sich ein anderer Tiger. Kurz darauf kamen zwei kleine Mäuse heran und begannen, am Stamm der Kletterpflanze zu nagen. Der Mann sah voller Panik auf den Tiger unter ihm. Doch dann sah er eine Erdbeerpflanze. Er pflückte die Erdbeere und aß sie. Sie schmeckte köstlich.

Wenn wir erst einmal eine unabwendbare Situation akzeptieren, dann können wir beschließen, sie umzugestalten. Wenn wir uns später an solche Situationen erinnern, können wir manchmal sogar vergnügt darüber lachen. Denken Sie an die vielen Gelegenheiten, bei denen Sie mit anderen Menschen zusammengestellt sind – Schulveranstaltungen, Geburtstagsfeiern, Urlaube. In diesem Rahmen werden viele solcher Situationen erlebt. Humor kann eine Reaktion auf die Diskrepanz zwischen unseren Erwartungen und unserem Erleben sein. Der Mann in der Geschichte hing immer noch an der Kletterpflanze fest, oberhalb und unterhalb von ihm wartete jeweils ein Tiger, aber die Erdbeere schmeckte süß. Wir genießen, wenn wir können. Das löst nicht all unsere Probleme, aber es hält den Schrecken in Grenzen.

Spaß ist nicht Kindern, Clowns und Narren vorbehalten. Spaß regt Menschen dazu an, weiterzumachen. Spaß ist eine Verbindung zu den Mitmenschen. Wenn man sich amüsiert, vergisst man seine Sorgen und Probleme und genießt einfach den Augenblick. Wenn man Spaß hat, ist man kreativer und sieht andere Möglichkeiten. Die Wahrnehmung wird breiter und man beginnt anders auf andere zu hören. Menschen, die Spaß haben, leben im Jetzt und sammeln alle Energie aus dem gegenwärtigen Augenblick. Es ist schwierig, die Lippen zusammenzupressen und gleichzeitig zu lächeln.

Wenn wir Stress erleben und der Spaß dahinschwindet, leidet unsere Seele. Die erste Gabe, die verschwindet, ist unser Sinn für Humor. Wir lachen nicht länger über unsere eigenen Dummheiten oder die der anderen. Wir beginnen, nach dunklen, versteckten Bedeutungen zu suchen, wo überhaupt keine Bedeutung ist. Das ist ein ganz ungesunder Zustand! Robert Louis Stevenson sagte: »Ein glücklicher Mensch ist ein strahlender Brennpunkt guten Willens, und wenn er einen Raum betritt, so zündet er ein Licht an.« Wenn wir unter zu großem Stress stehen und nicht mehr fähig sind zu lachen, dann reduziert sich unsere Ausstrahlung auf Trübsinn und gedrückte Stimmung.

Stress kann als Einladung betrachtet werden, »fröhlich albern« zu sein, um in einem gesunden Zustand zu bleiben. Das Wort »albern« (englisch *silly*) stammt von dem altenglischen Wort *saelig;* das bedeutete »selig, vollkommen glücklich, fröhlich und gesegnet«; »silly« war eine Segnung, die man geliebten Menschen wünschte.

Was hat unser Denken so verändert, dass wir »albern« heute mit kindisch und unreif assoziieren? Es ist traurig, dass wir akzeptiert haben, diesen entspannten Zustand Kindern vorzubehalten. Kein Wunder, dass unser Stressniveau nicht in Ordnung ist.

Wir müssen Situationen finden, die es uns ermöglichen, Lachen, Freude und Humor zu erleben. Clowns sind tatsächlich ein Symbol für das Kind, das in uns allen steckt. Wir alle wollen uns vergnügen. »Die menschliche Rasse verfügt nur über eine wirklich wirksame Waffe: das Lachen«, schrieb Mark Twain. »Wenn Lachen aufkommt, dann weichen unsere Schwierigkeiten, unser Ärger und unser Groll schleichen sich fort und ein sonniger Geist macht sich breit.«

Wenn wir über uns selbst lachen, ist das ein Zeichen dafür, dass wir über den augenblicklichen Schwierigkeiten stehen. Wir glauben, dass dieses Leben nicht alles ist. Wir glauben, dass unser Gott für uns sorgt. Erfahrungen lassen den Schluss zu, dass Menschen, die lachen können, bei Krankheit bessere Heilungschancen haben als solche, die nicht lachen können. Humor ist ein kraftvolles Zeichen für Gottes Existenz.

Wenn wir Sinn für Humor haben, wenn wir wissen, wie wir uns vergnügen und Spaß haben können, dann stärken wir uns selbst. Spaß, Humor und Vergnügen machen uns nicht weniger fähig, mit der Wirklichkeit umzugehen, sondern sie steigern im Gegenteil unsere Effizienz und Produktivität. Wir können in schwierigen Situationen neue Möglichkeiten sehen. Wir können emotional von unseren Problemen Abstand gewinnen und so eine bessere Position zu ihrer Bewältigung einnehmen. Wir können die Wahrnehmung unserer Umstände ändern, bevor die Umstände uns verändern. Phillis Diller sagte: »Sie müssen sich darüber klar werden: Wenn alles glatt läuft und alles schön ist, dann gibt es keine Komik. Erst wenn jemand auf die Schleppe der Braut tritt oder während der Zeremonie aufstößt, entsteht Komik!« Komik nimmt den Druck weg, mindert den Stress und bringt uns dazu, dass wir befreit lachen können.

Genieße froh jeden Tag, der dir gegeben ist.
Der Prediger Salomo 11,8

Haben Sie Spaß!

- Gönnen Sie sich eine Lachpause! Unterbrechen Sie, was Sie gerade tun, und lachen Sie laut heraus. Machen Sie sich keine Sorgen darüber, dass Sie jemand hören könnte. Lachen ist ansteckend. Breiten Sie Freude aus.

- Schaffen Sie sich eine Fundgrube von lustigen Geschichten, Cartoons, die Sie besonders mögen, und von Scherzen, die Sie herzhaft zum Lachen bringen. Machen Sie es sich zur Aufgabe, mindestens eine lustige Geschichte oder einen Scherz pro Tag mit einer anderen Person zu teilen. Es wird Ihnen und der anderen Person gut tun.

- Versuchen Sie ganz bewusst, lustige Dinge wahrzunehmen, die sich vor Ihren Augen abspielen. Stellen Sie sich auf den Augenblick ein und sehen Sie die Freude und das Lachen. Denken Sie daran: Dinge sind nicht so, wie sie sind, sondern so, wie wir sind. Wenn wir beschließen, Positives und Humorvolles in Lebenssituationen zu sehen, so werden die Dinge tatsächlich so aussehen.

- Schicken Sie jemandem Blumen, ohne Ihren Namen anzugeben.

- Erklären Sie den heutigen Tag zum »Vergnügungstag«. Selbst wenn Sie arbeiten müssen, vergnügen Sie sich. Suchen Sie Möglichkeiten, bei der Arbeit Freude zu haben. – Heften Sie Cartoons an eine Anschlagtafel.

- Erzählen Sie während der Kaffeepause lustige Geschichten.
- Beginnen Sie eine Besprechung mit einer Tätigkeit, die alle zum Lachen bringt.
- Erklären Sie jeden Montag zum »Tag des Lächelns«. Jeder, der ohne Lächeln erwischt wird, muss einen Beitrag für einen guten Zweck entrichten.

● Setzen Sie einen »Spaßvertrag« mit sich selbst auf, der Sie dazu verpflichtet, einmal pro Woche etwas Lustiges zu tun – etwas Zweckloses und Ausgelassenes. Sie können eine der folgenden »Verordnungen für den Erhalt von Freude und Spaß in unserem Alltag« für Ihren Vertrag verwenden:

1. Glauben Sie, dass Sie es verdienen, glücklich zu sein.
2. Haben Sie täglich Spaß.
3. Geben Sie sich nicht mit negativen Menschen ab.
4. Seien Sie neugierig.
5. Leben Sie den gegenwärtigen Augenblick.
6. Lächeln, lächeln und lächeln Sie.
7. Rechnen Sie mit dem Unerwarteten.
8. Seien Sie freundlich zu anderen.
9. Geben Sie jeden Tag etwas ab.
10. Lachen Sie viel und täglich – das ist eine Übung.
11. Vergeben Sie – sich selbst und anderen.
12. Fangen Sie jeden Tag von neuem an.
13. Umgeben Sie sich mit positiven Menschen.
14. Machen Sie jeden Tag absichtlich einige kleine Fehler.
15. Lachen Sie über sich selbst.
16. Führen Sie ein Freude-Tagebuch.
17. Atmen Sie in Stresssituationen tief durch.
18. Lernen Sie jeden Tag etwas Neues.
19. Suchen Sie nach einer neuen Möglichkeit, etwas Bestimmtes zu tun.
20. Zählen Sie die Segnungen, die Ihnen widerfahren.

Nimm dir Zeit zum Arbeiten.
Das ist der Preis des Erfolges.
Nimm dir Zeit zum Denken.
Das ist die Quelle der Kraft.
Nimm dir Zeit zum Lachen.
Das ist die Musik der Seele.
Altes englisches Gebet

Eine große Sache

»Die Zeit für die jährliche Weihnachtsbäckerei war wieder angebrochen. Meine Mutter und wir Kinder verbrachten traditionsgemäß einen Nachmittag damit, Plätzchenteig auszurollen, die richtigen Plätzchenformen auszusuchen und uns gegenseitig daran zu erinnern, dass wir den Teig nicht essen durften, weil es nicht gut für uns war. Nachdem die Plätzchen abgekühlt waren, überzog meine Mutter sie mit Zuckerguss und gab jedem von uns eine Anzahl davon, die wir dann so dekorieren durften, wie wir Lust hatten. Alle von uns bevorzugten Dekorationen lagen bereit: bunte runde Plättchen, grüne Streusel und – unsere Lieblingsdekoration – lange braune Streusel, die wir wie Haare auf die wie Rentiere geformten Plätzchen kleben konnten.

Meine Mutter summte die Weihnachtsmelodien mit, während sie uns drei beim Dekorieren der Plätzchen beaufsichtigte. Sie machte jedem von uns Komplimente für die Dekoration. Als sie alle Plätzchen mit Zuckerguss überzogen hatte, lehnte sie sich zurück und genoss es, die Szene zu betrachten. Auf einmal durchbrach ein lauter schriller Schrei unseres Vaters im Nebenraum den friedlichen Augenblick.

›Jetzt reicht's!‹, schrie er. ›Ich werde jede Einzelne von ihnen fangen, und wenn es das Letzte ist, was ich noch tue.‹

Meine Mutter schaute uns an. Wir wussten ganz genau,

warum mein Vater so schrie. Er war von Natur aus ein sanfter Mann, aber er hatte nichts für Schlangen oder Mäuse übrig. Da wir uns mitten im Winter von Wisconsin befanden, konnte es sich nicht um Schlangen handeln. Er musste wohl Spuren von Mäusen gefunden haben. Er hasste Mäuse.

›Liebling, was ist denn los?‹, fragte meine Mutter dennoch.

›Mäuse. Wir haben eine Maus in der Waschküche. Ich habe Exkremente neben dem Klammerkorb gefunden. Das ist eine Katastrophe. Bevor wir uns umgucken, haben wir ganze Mäusefamilien im Haus. Ich werde mich jetzt ein für alle Mal um die kleinen Burschen kümmern.‹

Meine Mutter mochte auch keine Mäuse, aber sie spürte, dass mein Vater sich über die Situation viel zu sehr aufregte. Sie versuchte ihr Bestes, ihn zu beruhigen, aber ohne Erfolg. Statt die kreativen Plätzchen zu bewundern, die wir Kinder gemacht hatten, war mein Vater zu sehr damit beschäftigt, die Mausefallen zu finden und sie an den strategisch richtigen Plätzen aufzustellen.

Der Feldzug meines Vaters gegen die Mäuse ärgerte meine Mutter. Sie wollte so sehr, dass er sich entspannte und die Ferienaktivitäten mit uns genoss. Sie dachte, wenn er nur sehen könnte, wie lächerlich sein Verhalten war, dann würde er seine Mission, alle Mäuse im Universum auszulöschen, nicht halb so ernst nehmen.

Als meine Mutter sich den Tisch mit den wundervollen Plätzchenkreationen anschaute, begann sich in ihrem Kopf ein Plan zu formen. Letztes Jahr hatte eine Maus nach Ansicht meines Vaters die allergrößte Frechheit begangen. Das winzige, ängstliche Tierchen hatte seine Exkremente im Zahnputzfach der Kinder hinterlassen. Meine Mutter war damals auch verärgert, aber mein Vater war völlig außer sich.

Nun lachte meine Mutter, als sie uns Anweisungen gab:

Wir schlichen alle nach oben in das Elternschlafzimmer und brachten die braunen Streusel mit. Wir versicherten uns, dass mein Vater nicht zuschaute, und streuten mehrere braune Streusel in das Zahnputzfach meines Vaters. Wir mussten lachen bei dem Gedanken daran, was wohl passieren würde. Die braunen Streusel sahen wirklich wie die Exkremente einer Maus aus. Wir verließen schnell den Raum. Meine Mutter flüsterte Beth zu, dass nun die ›Operation Mäuserache‹ beginnen würde.

›Dad, komm schnell!‹, schrie Beth. ›Ich glaube, in eurem Badezimmer war eine Maus!‹

Bewaffnet mit einem ganzen Arsenal von Mausefallen, kam mein Vater die Treppe heraufgerannt. Er ließ sich darüber aus, wie niederträchtig Mäuse seien und dass man sie auslöschen müsse.

Nun ließ meine Mutter ihre eigene Falle zuschnappen. Sie rannte ins Badezimmer und fragte, was los sei. Wir folgten ihr natürlich.

›Ich kann es einfach nicht glauben‹, bellte mein Vater. ›Die Mäuse sind sogar hier oben in unserem Badezimmer!‹

›Wie kannst du so sicher sein?‹, fragte meine Mutter unschuldig.

›Hier ist der Beweis. Der kleine Kerl hat uns ein Geschenk in unserem Zahnputzfach hinterlassen!‹ Er zeigte anklagend auf die braunen ›Exkremente‹.

›Was willst du damit sagen? Woher weißt du, dass dies die Exkremente einer Maus sind?‹, erwiderte meine Mutter.

Mein Vater verdrehte die Augen. ›Jeder erkennt die Exkremente einer Maus, wenn er sie vor sich sieht.‹

Meine Mutter bedeutete uns zu kommen und ging langsam zum Zahnputzfach. Sie schaute meinen Vater an und sagte: ›Ich denke, du könntest Recht haben. Das stammt vielleicht wirklich von einer Maus. Lass mich mal probieren.‹ Mit diesen Worten nahm sie rasch ein paar der ›Exkremente‹ auf und steckte sie in den Mund, wobei sie sich begeistert über den köstlichen Geschmack ausließ.

Mein Vater stand mit offenem Mund da und fragte sich, ob seine Frau vielleicht den Verstand verloren hätte. Wir drei und meine Mutter konnten nicht länger an uns halten. Wir brachen in schallendes Lachen aus. Mit rotem Gesicht schaute sich mein Vater die ›Exkremente‹ genauer an und stellte fest, dass es sich um Streusel handelte. Er schaute prüfend in das fröhliche Gesicht meiner Mutter. Dann schlich sich ein Ausdruck in sein Gesicht, der zeigte, dass er die Botschaft verstanden hatte. Er sollte endlich die Ferien genießen, heiterer werden und einen vorübergehenden Waffenstillstand mit der Mäusebevölkerung schließen.«

Mary Ann Herlitzke

Halte dich fern von der Weisheit, die nicht weint,
von der Philosophie, die nicht lacht,
und von der Größe, die sich nicht vor Kindern beugt.
Kahlil Gibran

Bitten Sie um Hilfe

Ich war die erste psychologische Betreuerin an einer Grundschule in der Innenstadt von *Albany*. Es war eine wundervolle Arbeit. Ich mochte die Schüler, Eltern und Lehrer und sogar das System zur Entscheidung über Disziplinarstrafen. Johanne, die Direktorin der Schule, war und ist eine sehr gute Freundin von mir.

Wir befanden uns mitten in der Ölkrise. Die Ölpreise waren so hoch geklettert, dass die Schulen beschlossen hatten, die Weihnachtsferien auszudehnen. Am Sonntagabend vor Ferienende bat mich Johanne, mit ihr in die Schule zu gehen und die Heizung anzustellen, damit die Schüler nicht am nächsten Tag den ganzen Tag lang in ihren Wintermänteln dasitzen müssten.

An jenem Abend war *Albany* von Schnee und Eis bedeckt. Wir stellten den Wagen hinter der Schule ab und betraten das eiskalte Steingebäude. Es war entsetzlich kalt! Die Heizung befand sich im Keller, also stiegen wir hinab, um alle erforderlichen Hebel und Knöpfe in Bewegung zu setzen.

Als wir wieder nach oben gingen und am Treppenabsatz ankamen, stellten wir fest, dass die Tür zugefallen war. Dann überfiel es Johanne siedend heiß. Während der Weihnachtsferien waren alle Schlösser ausgewechselt worden. Wir hatten keinen Schlüssel, um hinauszugelangen.

Wir dachten rasch über Möglichkeiten nach, aus dem Keller hinauszukommen. Es war viel zu kalt, um die ganze Nacht dort zu bleiben. Wir überprüften die äußere Kellertür. Sie ließ sich nicht vom Fleck bewegen, weil sie durch Schneemassen blockiert war. Es war unmöglich, diese Tür aufzubrechen. Ich stellte einen Stuhl auf die oberste Treppe und versuchte, durch ein winziges Fenster nach draußen zu sehen. Ich hoffte, dass jemand an der Schule vorbeigehen würde und dass wir so auf uns aufmerksam machen könnten. Aber niemand war dumm genug, bei diesem Sturm hinauszugehen!

Johanne sagte, sie müsse zur Toilette. Als sie davon sprach, hatte ich auf einmal das gleiche Bedürfnis. Was sollten wir tun? (Nach etwa einer halben Stunde, die ich hinter dem kleinen Fenster zugebracht hatte, hörte ich ein Tröpfeln aus dem Keller. Ich stellte fest, dass Johanne sich erleichterte. Das half mir nicht gerade weiter!)

Ganz plötzlich hatte ich eine Idee: *Feueralarm auslösen.* Ich rief Johanne meine Idee zu. Sie war erschrocken und erklärte, dass sie das auf keinen Fall tun könne. »Sämtliche Feuerwehrautos von *Albany* würden hier aufkreuzen.«

Ich versuchte sie zu überzeugen. Wir würden erfrieren, wenn wir die Nacht im Keller verbringen würden. Es würde zu lange dauern, bis die Heizung aktiv genug wäre. Niemand wusste, wo wir waren. Es wahr unwahrscheinlich, dass jemand an der Schule vorbeigehen würde, den wir um Hilfe rufen könnten. »Feuerwehrautos kommen sogar, um Katzen von Bäumen herunterzuholen!« Ich argumentierte. Nichts half. Johanne konnte – wollte – nicht den Alarm auslösen.

Ich verließ meinen Fensterplatz und lief die Treppe hinunter. Ich war nicht begeistert von dem, was ich da vorhatte, aber ich wollte einfach nicht erfrieren und konnte keine andere Lösung finden. Also betätigte ich den roten Hebel für den Feueralarm, lief die Treppe hinauf und nahm meinen Posten wieder ein.

Aus allen Richtungen fuhren Feuerwehrautos herbei. Helle Lichter flammten auf und tauchten das Schulgebäude in Rot. Dann hörten wir die ersehnten Schritte. Mehrere Feuerwehrmänner erschienen an der Kellertür. Sobald sie die Tür aufgebrochen hatten, lief ich hindurch. Ich bedankte mich hastig bei den verblüfften Feuerwehrleuten für ihre Rettung, lief weiter und rief ihnen über die Schulter zu, dass ich unbedingt erst zur Toilette müsse, bevor ich ihnen erklären könne, was passiert sei!

Außerdem dachte ich mir, dass Johanne die Situation erklären würde. Noch Monate später ergötzten Johanne und ich verschiedene Zuhörerschaften – egal, wie klein – mit unserer Version der »Großen Rettung«. Wir dachten uns, warum sollten wir eine gute Geschichte vergeuden, und um ehrlich zu sein, wurde die Geschichte und die Gefahr, in der wir uns befunden hatten, immer größer. Genau wie unser Gelächter!

Alles, was auf der Erde geschieht, hat seine
von Gott bestimmte Zeit:
... weinen und lachen,
wehklagen und tanzen ...
Der Prediger Salomo 3,1.4

WEG 9

Beten Sie

Beten ohne Unterlass.
Der Apostel Paulus (im 1. Thessalonicherbrief 5,17)

Jede Form des Gebets kann Stress lindern. Das Gebet trägt dazu bei, unsere emotionalen, körperlichen und seelischen Krankheiten zu heilen. Denken Sie über folgende Studie nach, die ein Herzspezialist in einem kalifornischen Krankenhaus durchgeführt hat: Aus einer Gruppe von 393 schwer kranken Herzpatienten wurden 192 willkürlich für eine Spezialbehandlung ausgewählt. Ihre jeweilige Situation wurde Menschen im ganzen Land detailliert mitgeteilt, damit sie für ihre Gesundheit und Wiederherstellung beten könnten. Gruppen von fünf bis sieben Teilnehmern wurden ausgewählt, um täglich für jeden dieser 192 Patienten zu beten. Sie sollten ihre Gebete auf die Bitte um Heilung und schnelle Genesung der Patienten konzentrieren. Die Patienten wussten nichts von dieser Studie und von den Gebeten dieser Menschen. Die übrigen Patienten wurden medizinisch normal versorgt, doch keiner der Teilnehmer der Studie betete für sie. Zehn Monate später wurden bei den Patienten, für die gebetet wurde, weniger durch Herzerkrankungen hervorgerufene Infektionen, weniger Lungenödeme und auch eine geringere Sterblichkeit festgestellt als bei den übrigen Patienten. Kurzum, das Gebet hatte zur Heilung beigetragen.

Das Gebet hilft uns in vieler Hinsicht. Wenn wir uns sammeln und vor Gott still werden, erhalten wir Weisheit und Einsicht. Das Gebet hilft uns, Möglichkeiten zu erkennen, und erweitert unsere Wahrnehmung. Wie Humor wirkt auch das Gebet entspannend auf uns und befähigt uns zu erkennen, dass wir oft zwischen mehreren Möglichkeiten wählen können. Das Gebet erfrischt unseren Geist und befreit uns von den Spannungen, die wir so oft in unserem Körper tragen.

Ein altes Sprichwort erinnert uns daran: »Die Winde der Gnade wehen ständig, wir müssen nur unsere Segel setzen.« Das Gebet setzt die Segel unseres Geistes in der intensiven Erwartung, dass die Winde der Gnade uns zum sicheren Hafen lenken werden. Ursprünglich bedeutet Gebet ganz einfach das Bewusstsein der Gegenwart Gottes und unsere Antwort auf dieses Bewusstsein.

Diese Antwort kann viele Formen annehmen. Jeder von uns betet anders. Für einige ist das Gebet mehr eine formelle Angelegenheit. Rituale, die Rezitation bestimmter Gebete, das Singen oder Psalmodieren geistlicher Lieder oder Textstellen in Zusammenkünften kann klar definiert und strukturiert sein. Andere wiederum beten spontan als Reaktion auf die Erfahrungen, die sie im täglichen Leben mit Gott machen. Man kann dem Schöpfer für einen eindrucksvollen Sonnenaufgang, das Lächeln eines älteren Menschen oder die Schönheit im Gesicht eines Kindes danken.

Natürlich ist das Gebet von jeher häufig eine natürliche Reaktion auf Leid und Kummer gewesen. Der Schriftsteller John Deedy erzählte die wahre Geschichte eines Fischers, der als im Meer verschollen galt, untergegangen in einem unerwarteten Sturm. Ein anderes Boot hatte den Mann jedoch gerettet. Ein Reporter führte ein Interview mit dem Überlebenden durch und dabei fand folgender Austausch statt:

»Haben Sie sich gefürchtet, als Sie dort draußen ganz allein waren, in der Kälte und durchnässt?«, fragte der Reporter.

»Ja«, erwiderte der Fischer.

Der Reporter war etwas frustriert, weil der Fischer die Sache nicht weiter ausführte, und versuchte es noch einmal. »Was haben Sie da draußen auf dem Meer während all dieser angstvollen Stunden getan?«

»Ich habe gebetet«, erwiderte der Fischer lakonisch.

»Gebetet?«, fragte der Reporter. »Was haben Sie gebetet?«

»Oh, die bekannten Gebete, besonders das *Vaterunser.*«

Wenn wir ängstlich, einsam oder gestresst sind, beten wir auf irgendeine Weise, so wie es uns möglich ist. Diese Art von Gebet erkennt an, dass wir nicht die Kontrolle über das Universum haben. Welche Form das Gebet auch haben mag, es öffnet uns die Augen für die Tatsache, dass wir zu etwas Größerem gehören, als Worte je beschreiben könnten.

Das Gebet ist keine passive Angelegenheit, bei der wir um etwas bitten und dann darauf warten, dass das Erbetene eintrifft. Das Gebet ist vielmehr eine aktive Antwort oder Anerkennung der Gegenwart des Heiligen Geistes. Es ist eine Form der Einladung eines heiligen Freundes in unser Leben. Der Geist wird uns stärken und uns durch die Verstrickungen des Stresses hindurchführen.

Wer von euch Schweres zu ertragen hat, soll beten.
Jakobusbrief 5,13

Beten Sie

- Richten Sie einen »heiligen Platz« ein. Das kann einfach eine Ecke Ihres Schlafzimmers sein, vielleicht mit einem Tisch, einer Kerze und geistlicher Lektüre. Was Sie erreichen wollen, ist ein ruhiger, friedlicher Ort, an dem Sie Ihre Augen schließen und das Getriebe der Welt um Sie herum ausschließen können.

- Staunen Sie über das Universum. Nehmen Sie bewusst die Wunder der Natur wahr. Singen Sie voll Dankbarkeit ein Lied, das Sie gern mögen.

- Wenn Sie in Schwierigkeiten sind, dann bitten Sie Gott um Hilfe. Beten Sie für einen Angehörigen oder einen Freund. Lassen Sie Ihr Herz reden. Gott wird immer zuhören.

- Danken Sie für die Schönheit und die positiven Dinge, die Sie umgeben.

- Als eine Form des Dankgebets können Sie etwas Gutes tun oder irgendeinen Akt der Freundlichkeit begehen.

Wir sind schwache Menschen und unfähig,
unsere Bitten in der rechten Weise vor Gott zu bringen.
Deshalb tritt sein Geist für uns ein mit einem Seufzen,
das sich nicht in Worte fassen lässt.
Der Apostel Paulus (im Römerbrief 8,26)

Gott wird sich darum kümmern

Eine kleine Stadt wurde durch schwere Regenfälle vollständig überflutet. Der ansässige Pfarrer war jung und gesund und nahm jede Mühe auf sich, um denen zu helfen, die in Schwierigkeiten steckten. Er watete bis zur Hüfte durchs Wasser und half so vielen heraus, wie er konnte. Ein paar Arbeiter kamen ihm in einem kleinen Boot zu Hilfe, aber er machte allein weiter und sagte: »Gott wird sich darum kümmern.«

Später reichte ihm das Wasser bereits bis zur Brust. Ein weiteres Boot kam vorbei und er half einer älteren Frau, in das

Boot zu klettern. Er weigerte sich jedoch, selbst hineinzusteigen. Erneut rief er voller Vertrauen: »Gott wird sich darum kümmern!« Kurze Zeit später reichte ihm das Wasser bis zum Hals und es wurde schwierig für ihn, sich über Wasser zu halten. Diesmal kam eine Rettungsmannschaft in einem Hubschrauber und rettete zwei Menschen, die auf ein Dach geklettert waren. Als sie versuchten, den Pfarrer an Bord zu nehmen, bestand er darauf, dass sie jemand anderem zu Hilfe kämen. Er schrie: »Gott wird sich darum kümmern!«

Als die Mannschaft abflog, wurde der Pfarrer mit einem Mal überschwemmt und ertrank. Im Himmel aufgenommen, beklagte er sich bitterlich darüber, dass er alles getan habe, um anderen zu helfen, aber dass er selbst nicht gerettet worden sei. »Ich habe dir vertraut, Gott«, sagte er. »Warum hast du nichts unternommen?«

»Wie meinst du das, ich hätte nichts unternommen?«, erwiderte Gott. »Habe ich dir nicht zwei Boote und einen Hubschrauber gesandt?«

Das Gebet öffnet uns oft neue Wege, mit einer Situation umzugehen. Aber die Antwort, die wir bekommen, ist vielleicht unerwartet oder fremdartig für uns. Wir können uns darauf verlassen, dass Gott Sorge trägt, aber dies geschieht häufig durch menschliche Hände, die von Gott inspiriert sind.

Ein freimütiges Herz findet
bei Gott eine freigebige Hand.
Charles H. Spurgeon

In deine Hände

Da Gene nach San Francisco gezogen war, hatten wir uns eine ganze Weile nicht mehr gesehen. Deshalb fühlte ich mich besonders beschwingt, als ich das chinesische Restaurant betrat. Obwohl mir beim Gedanken an köstliche Garnelen, saftige Frühlingsrollen und brutzelnde Reissuppe das Wasser im Mund zusammenlief, freute ich mich am meisten darauf, einen meiner ältesten und liebsten Freunde wiederzusehen. Ich wusste, dass er in seiner Ehe große Probleme durchgemacht hatte. Ich wollte herausfinden, wie groß diese Probleme waren.

Als ich auf seinen Tisch zukam, sprang Gene auf – er zog fast die Tischdecke herunter – und umarmte mich mit seiner herzlichsten Bärenumarmung. Diese überschäumende Zuneigung gehörte seit jeher zu den Dingen, die ich bei Gene am liebsten mochte. Mit knapp zwei Metern Körpergröße und beinahe 270 Pfund konnte er vielen Bären Konkurrenz machen, aber in diesem Mann schlug eines der freundlichsten und weisesten Herzen, die ich je getroffen habe. Ich bemerkte, dass ein paar andere Gäste zu uns herübersahen, aber das war mir herzlich egal.

Nachdem wir die Bestellung aufgegeben hatten, wollte ich keine Zeit verlieren und nicht um den heißen Brei herumreden, also fragte ich: »Also, alter Freund, wie steht es mit dir und Sharon? Bei unserem letzten Gespräch hatte ich den Eindruck, dass es das bittere Ende war.«

»Nun, du weißt ja, dass wir durch ziemlich schwierige Zeiten gegangen sind. Eigentlich nicht ›wir‹. Wir sind schon seit Jahren nicht mehr ›wir‹. Und ich konnte es kaum mehr aushalten, Kinder hin oder her.«

Gene hatte Sharon zwanzig Jahre zuvor kennen gelernt. Er arbeitete sich als Krankenpfleger in einer Klinik durchs College. Sharon, die einige Jahre älter war, arbeitete als Krankenschwester auf einer Station, auf der Gene häufig Dienst hatte. Sie war zuverlässig, beständig und schien nie die Nerven zu verlieren. Gene dagegen stammte aus einer ziemlich chaotischen Familie und war voll von Emotionen, mit denen er oft nicht richtig umzugehen wusste. Viele von uns wurden mit Sharon nie so richtig warm, aber Gene liebte sie. Wir fragten uns, wie so ein warmherziger, stürmischer Kerl wie Gene in einer Beziehung mit einer Frau, die das genaue Gegenteil war, zurechtkommen würde. Ein paar Jahre lang schien es zu klappen.

Im Laufe der Jahre entwickelte sich Gene zu einem Geschäftsberater, der landesweit bekannt wurde. Er reiste viel und brachte Managern bei, wie sie strategisch planen und die Moral unter den Mitarbeitern aufrechterhalten könnten. Er entdeckte, dass er lustig war. Sein verschrobener Humor und sein Verständnis für die menschliche Natur verbanden sich zu Präsentationen, bei denen das Eis zum Schmelzen kam und steife Manager über die wirklich brennenden Themen zu reden begannen. Gene begann außerdem, die intuitiven und spontanen Facetten seines Charakters zu schätzen.

Doch während Genes Welt sich immer weiter ausdehnte, schrumpfte Sharons Welt zusammen. Sobald Genes Einkommen ausreichte, um die Familie zu versorgen, erklärte Sharon, sie wolle die Krankenpflege aufgeben und sich zu Hause um die drei Kinder kümmern. Das war vor rund zwölf Jahren. Während dieser Jahre stellte Gene fest, dass Sharon eigentlich keine Freunde hatte. Sie verließ nie das Haus, außer für irgendwelche Funktionen in der Schule. Ihre Welt drehte sich darum, die Kinder zu versorgen, das Haus instand zu halten und die *San Francisco 49er* anzufeuern. Wenn sie sich pflichtgemäß nach seiner Arbeit erkundigte, bemerkte Gene den leeren Blick, mit dem sie auf seine Erzählungen über die Menschen, die er getroffen hatte, und die Orte, die er gesehen hatte, reagierte.

»Wir haben schon vor Jahren aufgehört, miteinander zu schlafen. Ich hätte genauso gut ein Keuschheitsgelöbnis ablegen können. Eines Nachts wurde mir klar, dass ich mir jahrelang etwas vorgemacht hatte. Eigentlich hatten wir gar nicht richtig Liebe miteinander gemacht. Sie wollte Kinder.

Sex war das Mittel dazu. Als wir drei Kinder hatten, war ihr alles andere egal, das war ganz offensichtlich. Ich konnte das jedoch besser ertragen als ihren leeren Blick und ihre enge Welt. Ich schwöre, ich habe sie dazu ermutigt, ihre Kenntnisse aufzufrischen und wieder als Krankenschwester zu arbeiten. Ich sagte ihr, wenn sie das nicht tun wolle, dann solle sie für irgendetwas anderes wieder zur Schule gehen. Sie wollte einfach nicht. Sie lächelte und sagte: ›Ich werde darüber nachdenken.‹ Aber es passierte nichts. Kannst du dir vorstellen, wie schrecklich es ist, wenn man feststellt, dass die Frau, die man geliebt hat, nur über ein verdammtes Footballteam mit Begeisterung reden kann?«

Gene sicherte sein emotionales Überleben durch die Energie, die er durch Konferenzen und seine Arbeit erhielt. Wenn er unterwegs war, brauchte er nicht in Sharons leere Augen zu schauen und sich mit ihrem Mangel an Zuneigung und Engagement auseinander zu setzen. Es bedeutete aber auch, strahlende, fähige und charmante Frauen kennen zu lernen, die ihn attraktiv, interessant und begehrenswert fanden. Gene gab zu, dass er mittlerweile so wütend auf Sharon war, dass er ernsthaft in Versuchung geriet. Dennoch hoffte er, seine Beziehung zu Sharon könnte noch einmal eine Wendung nehmen. Und außerdem waren da die Kinder. Egal, wie schlecht es um ihre Ehe stand, er wollte die Kinder schützen.

»Schließlich schlug ich Sharon vor, dass wir eine Eheberatung aufsuchen sollten. Weißt du, was sie geantwortet hat? ›Nun, wenn du willst, dass ich mitkomme, damit du über deine Probleme sprechen kannst, dann werde ich das natürlich tun, Gene.‹ Ich weiß nicht, was es war – sie begriff nicht, worum es ging, oder sie wollte es nicht wahrhaben.

Jedenfalls war dies der letzte Strohhalm. Ich hatte keine Hoffnung mehr. Ich begann, mitten in der Nacht aufzuwachen und Ärger zu spüren. Ich hatte auch vorher schon

Schlafprobleme, aber nun ging es jede Nacht so. Was sollte ich tun? Was würde aus den Kindern werden? Wie würde es Sharon ergehen, wenn wir uns scheiden ließen? Wer würde das Haus behalten? Und so ging es in einem fort. Irgendwann fand ich mich weinend in der Küche wieder.

Ich beschloss, eine Beratungshilfe in Anspruch zu nehmen, auch wenn Sharon nicht mitgehen wollte. Diese Therapie half mir ein wenig, aber die eigentliche Hilfe kam aus einer anderen Ecke. Du weißt ja, dass ich seit jeher am Sonntag zur Kirche gehe. Ich ging nun am Karfreitag in die Kirche und saß mit Sharon und den Kindern in der Bank, als die Worte Jesu am Kreuz vorgelesen wurden: ›In deine Hände befehle ich meinen Geist.‹ Es war, als hätte ich diese Worte zum ersten Mal gehört. Wie betäubt saß ich da.

Von da an wurde es anders; wenn ich nun mitten in der Nacht aufwachte und mich in der Küche wiederfand, begann ich zu beten: ›Gott, ich gebe meinen Geist in deine Hände.‹ Schon kurze Zeit später ging ich wieder ins Bett und schlief wir ein Stein. In den nächsten Monaten musste ich allmählich auch nicht mehr nachts aufstehen. Sobald ich aufwachte, betete ich erneut diese Worte und konnte bald darauf wieder einschlafen. Auch während des Tages, wenn ich an etwas denken musste, was mich in Bezug auf Sharon auf die Palme brachte, sprach ich dieses Gebet. Und dann ging es mir besser.«

Nach unserem gemeinsamen Mittagessen wurde mein Kontakt zu Gene erneut seltener. Etwa drei Jahre später, als sein jüngstes Kind auf dem College war, hörte ich, dass die Scheidung bevorstand. Die drei Jahre Wartezeit hatten ihm jedoch Gelegenheit gegeben, die praktischen Dinge zu regeln, und während dieser Zeit wurden die Kinder älter und gewannen genug eigene Kraft, um zurechtzukommen.

Kurz darauf schickte mir Gene eine Weihnachtskarte. »Nun, meine Liebe«, schrieb er, »ich weiß nicht, was die Zukunft bereithält. Aber mir geht es gut. Und mein Geist ist bei Gott in guten Händen.«

Lass dich von nichts aus der Fassung bringen,
lass dich von nichts ängstigen,
alles verändert sich.
Gott allein ist unveränderlich.
Geduld erreicht das Ziel.
Wer Gott hat, leidet keinen Mangel.
Gott allein erfüllt alle Bedürfnisse.
Teresa von Avila

WEG 10

Schmeißen Sie negativen Ballast über Bord

Alle eure Sorgen werft auf Gott,
denn er sorgt für euch.
1. Petrusbrief 5,7

Wenn wir uns an alte Kränkungen, Ärger und Enttäuschungen klammern, bleiben wir in einem Kreislauf von Stress, Sorge und Furcht stecken. Wir müssen diese Dinge beiseite schieben und beschließen, im gegenwärtigen Augenblick zu leben, der so viel Gnade bereithält, wie wir benötigen. Das Gewicht unseres negativen Ballastes drückt auf unsere Schultern und dörrt unsere Seele aus. Leider können wir diesen Ballast mehr oder weniger unbewusst mit uns herumschleppen. Wir merken auf einmal, dass wir mit diesem Ballast durch einen Graben laufen, und wie ein Bekannter sagt: »Der einzige Unterschied zwischen einem Graben und einem Grab ist die Tiefe.«

Jeder von uns wird durch andere an etwas erinnert, was man in der Vergangenheit getan hat oder was Jahre zuvor geschehen ist. Wir müssen loslassen und weitergehen. Wenn wir in den vergangenen Dingen stecken bleiben, werden wir verdorren und absterben.

Alter Ballast blockiert unsere Wahrnehmung und versperrt uns den Blick für neue Wege. Er wird unsere persönlichen Ziele behindern. Dunkle Gedanken führen zum Bruch mit Angehörigen und Kollegen und verhindern vollständige und gesunde Beziehungen. Wir schränken unser persönliches Wachstum ein und fühlen uns schließlich ausgebrannt.

Wenn wir all das alte Zeug loslassen, ist unser Blick frei und wir erkennen, wo unsere wirkliche Kraft und unsere Freiheit liegen. Das Leben ist ein fortlaufender Prozess der Öffnung für das Bestehende und das Mögliche. An Vergangenem festzuhalten führt in eine Sackgasse. Niemand kann das Gestern ändern. Wir können Gesagtes nicht zurücknehmen und unsere Taten nicht ungeschehen machen. Wir können nur jeden Tag neu beginnen.

Alte Streitereien, Kränkungen und Bitterkeiten loszulassen erfordert bewusste Anstrengung. Unser Gemüt neigt dazu, über negativen Ballast zu wachen, so wie Reisende ihre Koffer und Taschen auf einem belebten Flughafen im Auge behalten. Im Gegensatz zu diesen Touristen wäre unsere Reise durch das Leben jedoch viel angenehmer, wenn wir nicht all dieses Gepäck mit uns herumschleppen würden. Wir müssen unseren gesamten Ballast registrieren, benennen, beklagen und dann beschließen, dass wir ihn nicht mehr brauchen – und ihn dann fallen lassen. Mark Twain gibt uns folgenden Rat: »Ziehe deine Gedanken von den Problemen fort – durch die Ohren, über die Fersen oder wie immer es dir möglich ist. Das ist das Gesündeste, was ein Körper tun kann.«

Halte dir den Ärger von der Seele
und die Krankheit vom Leib.
Der Prediger Salomo 11,10

Schmeißen Sie negativen Ballast über Bord

- Lernen Sie, Ihren Gedanken nachzuspüren. Hören Sie in sich hinein. Unterdrücken Sie Ihre Gedanken nicht. Lassen Sie sie kommen und lassen Sie sie gehen. Wir neigen dazu, ihnen zu viel Macht zu geben, wenn wir an ihnen festhalten.

- Erzählen Sie jemandem von dem negativen Ballast, den Sie in sich tragen. Machen Sie aber nicht den Fehler, jedem, dem Sie begegnen, alle Probleme Ihrer Vergangenheit zu schildern. Wenn Sie das tun, so wiederholen Sie nur die Situation und werden niemals eine Lösung finden. Wenn Sie entdecken, dass Sie mit Ihrer Vertrauensperson immer wieder über die gleichen Dinge sprechen, dann sollten Sie eventuell kompetente Hilfe suchen.

- Erkennen Sie, wann Sie Hilfe brauchen. Eine gesunde Person kann um das bitten, was sie benötigt. Ihr Stressniveau kann sich auf ein ungesundes Maß hochschrauben und dann brauchen Sie möglicherweise einen Therapeuten, um zu lernen mit Ihrem Stress und Ihren Ängsten umzugehen. Wenden Sie sich an Ihren Seelsorger, wenn Sie nicht in der Lage sind, einen Therapeuten aufzusuchen.

- Sagen Sie sich gute Dinge über sich selbst. Manchmal bleiben wir in einer Furche stecken, weil wir uns selbst so tief hineinstoßen, indem wir uns die Fehler vorhalten, die wir begangen haben oder uns an die Dinge erinnern, die nicht so gelaufen sind, wie wir es uns gewünscht hätten. Konzentrieren Sie sich auf Talente, Gaben, Fähigkeiten und Charakterstärken. Sagen Sie sich einen dieser Aspekte regelmäßig im Verlauf einer Woche vor, danach einen anderen Aspekt während der darauf folgenden Woche und so weiter.

- Wenn wir alte Bitterkeiten und Kränkungen in uns tragen, so sind wir die Einzigen, die mit dem Gewicht dieser Dinge belastet sind – wir, die wir daran festhalten. Wir können diese Bitterkeiten und Kränkungen loslassen, indem wir Briefe an die Menschen schreiben, denen wir etwas sagen müssen (ohne die Briefe abzuschicken). Adressieren Sie den nicht zum Absenden bestimmten Brief an die entsprechende Person und dann schreiben Sie, schreiben Sie, schreiben Sie – Rechtschreibung und Zeichensetzung sind unwichtig! Wichtig ist, dass wir all unsere Gedanken und Gefühle niederschreiben und folglich diese Bitterkeiten und Kränkungen herauslassen. Wir werden über unsere Schrift erstaunt sein. Wir werden vielleicht auch erstaunt sein über das, was wir geschrieben haben. Danach können Sie ein Ritual des Loslassens durchführen: Zerreißen Sie den Brief in lauter winzige Schnipsel oder verbrennen Sie den Brief Stück für Stück. Dabei können Sie etwa Folgendes sagen: »Mit dieser Tat lasse ich diese schmerzliche Zeit los. Ich befreie mich für ein neues Leben.« Wichtig ist, dass wir den Brief geschrieben und die Gefühle losgelassen haben. Das Ziel besteht darin, uns von diesem Schmerz zu lösen und ihn nicht mehr als Teil unseres Lebens zuzulassen.

Unruhig ist unser Herz, bis es
ruht in dir, Gott.
Augustinus

Weihnachtsmann spielen

Einmal ging ich während der Weihnachtszeit mit den *Telephone Pioneers*, einer Dienstleistungsorganisation, die von der *New York State Telephone Company* gesponsert wurde, in die New Yorker Innenstadt, um den Weihnachtsmann zu spielen. Wir waren insgesamt achtzig Weihnachtsmänner und wurden mit zwei Bussen in die Stadt gebracht. Als wir am *New York Thruway* ankamen, machten die Busse an einem Rastplatz Halt und jeder von uns erhielt seine Verkleidung. Man wies uns an, mit dem Verkleiden zu beginnen, denn wir würden beim Überqueren des *Lincoln Tunnel* nicht mehr genug Zeit haben.

Jeder von uns schloss mit den *Telephone Pioneers* einen Vertrag, in dem es hieß, dass wir überall dorthin zu gehen hätten, wo man uns hinschickte. Das konnte ein Krankenhaus, ein Gefängnis oder ein Waisenheim sein. Mir war ganz egal, wo man mich hinschickte. Es machte mir einfach Spaß, dass ich der Weihnachtsmann sein konnte.

Als wir die Innenstadt erreichten, erklärte man uns, dass wir zum *Metropolitain Hospital* in Harlem gehen würden. Wir liefen durch den Empfangsbereich der Klinik und wurden mit Lächeln begrüßt. Kleine Kinder starrten uns ehrfürchtig an. Niemand wunderte sich laut darüber, dass wir achtzig Weihnachtsmänner waren.

Der Vertreter der Klinik begrüßte uns und fragte, ob einige von uns bereit seien, auf die psychiatrische Station zu gehen. Für mich war es das Natürlichste von der Welt und so meldete ich mich freiwillig. Da wir so zahlreich waren, wurden wir in Gruppen zu viert oder fünft auf die einzelnen Stationen geschickt. Ich wurde der Jugendabteilung zugeordnet.

Als man uns die Türen aufschloss, drang die laute Musik der Teenager an unsere Ohren. Wir sahen mehrere Jugendliche, die sich in verschiedenen Positionen im Raum herumräkelten.

Ich ging umher und sprach mit mehreren Patienten. Dann bemerkte ich ein junges Mädchen, das ganz allein am anderen Ende des Raums stand. Sie hatte Krankenhauskleidung an, was darauf schließen ließ, dass sie erst seit kurzem auf der Station war.

Ich ging auf sie zu. »Seit wann bist du hier?«

»Ich bin gestern angekommen.«

»Oh, das muss schwierig für dich sein. Du kennst die

Routine noch nicht. Wahrscheinlich kennst du noch nicht einmal die Namen der meisten Personen hier.«

Sie nickte und setzte sich hin. Ich setzte mich auf einen Stuhl neben sie. Wir führten unser Gespräch fort.

»Wie heißt du?«

»Victoria«, erwiderte sie.

»Was für ein wunderschöner Name.« Und ein wunderschönes Lächeln erschien auf ihrem Gesicht.

»Was für ein prachtvolles Lächeln du hast.«

Das Lächeln wich aus ihrem Gesicht.

»Victoria, warum hast du aufgehört zu lächeln? Das Lächeln kann dir helfen. Lächeln kann dazu beitragen, dass wir uns besser fühlen.«

Victoria schaute mich an und begann zu sprechen. Sie erzählte mir von ihrer Familie und den Schwierigkeiten, die sie in diese Klinik gebracht hatten. Während unseres zehnminütigen Gesprächs teilte mir Victoria eine Menge über ihr vierzehnjähriges Leben mit. Und wieder erhellte ein wundervolles Lächeln ihr Gesicht.

»Victoria, du musst weiter lächeln. Auch wenn du dich nicht danach fühlst – das Lächeln sorgt dafür, dass es dir besser geht.«

»Ich habe das nicht gewusst.« Dann stand sie auf einmal rasch auf und ging weg.

Ich war dort, um mich um die Jugendlichen zu kümmern, und so wandte ich mich zu Nicole, einem nur wenig jüngeren Mädchen, das in meiner Nähe stand.

Sie war eine gesprächige Elfjährige und schien sämtliche Gedanken, die sie je bewegt hatten, mit mir zu teilen. Nicole befand sich seit zwei Monaten auf der Station und war mit der Routine vertraut. Es war offensichtlich, dass es ihr Freude machte, mit diesem Weihnachtsmann zu sprechen. Sie befragte mich über meine Rentiere und den Schnee am Nordpol. Dann fragte sie mich, ob ich eine Anschlagtafel sehen wollte, auf der mein Schlitten und meine Rentiere zu sehen waren. Ich wusste, dass sie mich ein wenig mit ihrem »Glauben« an den Weihnachtsmann aufzog, aber ich spielte mit.

Sie zog mich zu einem anderen Bereich der Station, wo ich das Anschlagbrett sehen konnte. Ich stand entzückt davor und nannte jedes der Rentiere mit Namen. Ich war froh, dass wir zuvor im Bus das Lied von »Rudolf, dem rotnasigen Rentier« gesungen hatten. Dadurch hatte ich alle Rentiernamen im Kopf.

Bevor ich mich von Nicole verabschiedete, fragte ich sie, welches Verhalten bei ihr korrigiert werden sollte, bevor sie wieder entlassen werden könnte.

Ohne nur eine Sekunde zu zögern, antwortete sie: »Ich muss aufhören, mich umbringen zu wollen.«

»Nicole, du musst mir versprechen, dass du nie wieder versuchen wirst, dich umzubringen.«

Das versprach sie sofort. Aber ich musste weitermachen. »Nein, so schnell kannst du kein Versprechen geben. Und mach nie gegenüber dem Weihnachtsmann ein Versprechen, das du nicht wirklich zu halten vorhast. Nicole, ich möchte, dass du jeden Morgen aufstehst und dir vorsagst: ›Ich bin ein wertvoller Mensch. Ich werde mich um mich kümmern. Ich werde mich mögen.‹«

Nicole schaute mich mit ihren wunderschönen braunen Augen an und wiederholte ruhig diese Worte. Dann erhielt ich eine der heftigsten Umarmungen meines Lebens.

In dem Moment hörten wir den Lautsprecher des Krankenhauses. »An alle Weihnachtsmänner. Bitte kommen Sie alle zum Bus.«

Wir mussten gehen. Mein Körper verließ die Station, doch mein Herz und meine Gedanken blieben bei den Patienten. Ich ging zum Bus und fragte mich, warum wir nicht den ganzen Tag dort bleiben könnten. Wir gingen zum Mittagessen und trafen dann mit weiteren Weihnachtsmännern bei der Weihnachtsparade in der New Yorker Innenstadt zusammen. An jenem Abend kehrte ich mit Nicole und Victoria in meinem Herzen nach *Albany* zurück. Vielleicht hatten ein paar Minuten mit dem Weihnachtsmann ihr Herz berühren können. Vielleicht hatte der Weihnachtsmann ein paar Geschenke dagelassen und dabei geholfen, ihre Trümmer beiseite zu räumen.

Die Seele nährt sich von dem,
woran sie sich freut.
Augustinus

Das falsche Gepäck

Ich hatte soeben eine Konferenz in *Dubuque, Iowa* abgehalten. Mein Flugzeug musste auf dem Weg nach Chicago in *La Crosse, Wisconsin* zwischenlanden. Dieses kleine Flugzeug machte es erforderlich, unser Bordgepäck außerhalb des Flugzeugs abzugeben und ein Ticket entgegenzunehmen. Nach der Landung würden wir dann unser Bordgepäck mit Hilfe dieses Tickets abholen und zum nächsten Flugzeug mitnehmen.

Als wir am Flughafen *Chicago O'Hare* ankamen, stellte ich fest, dass unser Bordgepäck neben dem Flugzeug aufgereiht war und dass einige Gepäckstücke gleich aussahen. Ich war der letzte Fluggast, der aus der Maschine stieg. Nur eine Tasche wartete auf mich. Sie sah aus wie meine, hatte aber im Gegensatz zu meiner ein Schloss.

Ich wandte mich Hilfe suchend an den Gepäckbetreuer. Er sagte mir, dass ich in das Flughafengebäude gehen und die Schalterangestellte bitten sollte, den Besitzer des Gepäckstücks ausrufen zu lassen. So erklang durch den Lautsprecher: »Robert Martin, Robert Martin. Bitte, kommen Sie zurück nach G8. Robert Martin. Bitte kommen Sie zurück nach G8.«

Etwa zehn Minuten später ging ich erneut zum Schalter und bat die Angestellte, den Ausruf zu wiederholen. Diesmal sandte sie den Ausruf auch zu den Terminals K und H. Sie schaute im Computer unter Robert Martin nach und teilte mir mit, dass er auf dem Weg nach *Fort Lauderdale* war und dass sein Flugzeug um 17 Uhr 30 von H1, einem anderen Terminal, abfliegen würde. Es war erst 15 Uhr 30, doch mein Flug nach *Albany* war für 16 Uhr 30 vorgesehen.

Ich machte mich auf den Weg zum Terminal H. Natürlich ist der *O'Hare* Flughafen in Chicago riesig groß. Ich hielt in jedem Geschäft, jeder Bar, an jedem Schuhputzstand und in jedem Restaurant an, an dem ich vorbeikam. Auf meinem Weg zu besagtem Terminal schaute ich unablässig auf dem Fußboden nach einer Tasche, die wie meine aussah. Von Zeit zu Zeit rief ich: »Robert Martin, Robert Martin!«

Als ich bei H1 anlangte, ging ich zum Ticketschalter und bat die dort sitzende Person, einen Ausruf für Robert Martin zu machen. Ich erklärte ihr meine Situation. Sie versuchte mir sehr freundlich zu helfen. »Wenn sich Robert Martin im Wartebereich aufhält, bitte kommen Sie sofort zum Schalter.« Ich wartete. Kein Robert Martin in Sicht.

Ich schaute auf die Uhr und stellte fest, dass ich mein Flugzeug verpassen würde, wenn ich nicht zu meinem Flugsteig zurückkehren würde; also machte ich mich auf den Rückweg. Als ich an einer Gruppe von fünf Männern vorbeikam, hörte ich einen von ihnen sagen: »Sie rufen immer noch Martin aus. Möchte bloß wissen, was sie von ihm wollen.«

Ich wirbelte herum und fragte: »Kennen Sie Robert Martin? Ich bin auf der Suche nach ihm, weil er mein Gepäck hat. Meine Autoschlüssel sind darin.«

Einer der Männer sagte, Robert Martin sei oben in der

VIP-Lounge. Ich rannte zurück zum H1-Schalter und bat, dass man in der VIP-Lounge anrufen und Robert Martin bitten möge, mein Gepäck zurückzubringen. Noch immer hoffnungsvoll, nahm ich den Rückweg wieder auf. Ich rief mir all die Stressprinzipien ins Gedächtnis, die ich anderen beibringe. »Was ist das Allerschlimmste, was passieren wird? Mein Gepäck wird mit einem Tag Verspätung eintreffen. Und was die Autoschlüssel betrifft, so kenne ich ein paar Leute in Albany, die ich anrufen könnte, damit sie mich nach Hause bringen.«

Ich war fast an meinem Flugsteig angelangt, als ich einen Mann wahrnahm, der mit schnellem Schritt an mir vorbeikam und mein Gepäck hinter sich herzog.

»Robert Martin?«, rief ich. Er hielt sofort an. Ich fuhr fort: »Sie haben irrtümlich mein Gepäck mitgenommen. Es sieht genauso aus wie Ihres, außer dass sich an Ihrer Tasche ein Schloss befindet.« In dem Moment bemerkten die Schalterangestellten, dass ich mein Gepäck wieder gefunden hatte, und klatschten Beifall.

Robert Martin begann zu erklären, was passiert war. Ich unterbrach ihn und sagte: »Irrtümer kommen vor. Das ist kein Problem. Ich wollte mein Gepäck nur gern zurückhaben, weil meine Autoschlüssel darin sind.«

Robert Martin war immer noch in der Defensive. »Ich habe Ihr Gepäck nicht absichtlich genommen und ich habe auch nichts daraus entwendet«, schoss er zurück. »Ich habe es gar nicht geöffnet. Prüfen Sie das nach, hier vor den Flughafenangestellten. Sie werden sehen, dass ich nichts herausgenommen habe.«

Ich sagte ihm, das sei nicht nötig. Ich würde ihn keineswegs beschuldigen, irgendetwas herausgenommen zu haben. Ich scherzte sogar: »Sie hätten sich gewundert, wenn Sie meine Tasche geöffnet und nur meine Schmutzwäsche darin gefunden hätten.«

Als ich an diesem Nachmittag nach Hause flog, war ich traurig. Traurig darüber, dass Robert Martin unmittelbar geglaubt hatte, ich würde ihm nicht trauen. Ich fragte mich, welche Erfahrungen er wohl in seinem Leben gemacht hatte, die eine solche Reaktion in ihm auslösten. Ich fragte mich, welchen Ballast – nicht Gepäck, sondern psychologischen Ballast – er loslassen musste. Wer misstraute ihm? Wie war er in der Vergangenheit beurteilt worden? Wie ist er anderen gegenüber misstrauisch geworden? Er hatte sein eigenes Gepäck gefunden, doch ich war sicher, dass es nicht so schwer wog wie sein emotionaler Ballast.

Der einzige Platz außerhalb des Himmels,
wo man vollkommen sicher vor all den Gefahren
der Liebe ist, ist ... die Hölle.
C. S. Lewis

WEG 11

Sagen Sie einfach »Nein«

Ein Nein zur rechten Zeit
erspart viel Widerwärtigkeit.
Sprichwort

In dieser Zeit des Wirtschaftsabschwungs versuchen die Unternehmen, mit weniger Geld und weniger Beschäftigten mehr zu leisten. So werden Arbeitnehmer zu mehr Überstunden gezwungen und müssen höheren Ansprüchen vonseiten der Firmenleitung genügen. Ein großer Teil des durch Arbeit bedingten Stresses ist darauf zurückzuführen, dass man nicht weiß, wann und wie lange man arbeiten muss, dass man auch außerhalb der Bürozeiten »abrufbar« sein muss, dass Überstunden erwartet werden und dass man nicht den verdienten Urlaub in Anspruch nimmt. Die Unternehmenspolitik scheint sich ständig zu ändern. Die Ziele werden im Dunkeln gehalten. Enge Abgabetermine setzen uns unter Druck. Und die Sicherheit einer Arbeitsstelle hat sich im Internet-Zeitalter verflüchtigt.

Wenn wir unseren Stressgewohnheiten einen Tritt versetzen wollen, dann müssen viele von uns lernen, ein einfaches Wort zu sagen: »Nein.« Wir müssen die Kontrolle über unseren Terminkalender übernehmen. Wenn wir zu Verabredungen oder anderen Beanspruchungen unserer Zeit »Nein« sagen, können wir unseren Stress reduzieren. Wir müssen uns vor Augen halten, dass es unmöglich ist, alles auf einmal zu erledigen. Wenn »Nein« eine angemessene Antwort ist, wird die betreffende Person befreit und Druck vermindert.

Viele von uns haben Probleme damit, »Nein« zu sagen, weil wir befürchten, die anderen könnten uns nicht mögen. Joseph Campell sagt: »Jesus gebot uns, unsere Feinde zu lieben; er sagte nicht, wir sollten keine Feinde haben.«

Manche glauben, »Nein« sagen wäre selbstsüchtig und unhöflich; doch wenn Sie »Ja« sagen, obwohl sie »Nein« sagen möchten, so mindern Sie Ihr Selbstvertrauen und Ihre Selbstachtung. Menschen, die »Ja« sagen müssen, stauen jede Menge Groll und Frust gegenüber anderen in sich auf. Nach einer Weile sind sie es leid, andere an die erste Stelle zu setzen. Ein chronischer Jasager beginnt zu denken, dass alle anderen wichtiger sind als er. Dadurch werden Beziehungen negativ beeinflusst. Jasager beginnen die Gegenwart von Menschen zu fürchten, die ihre Zeit nicht zu beachten scheinen und nur ihre eigenen Bedürfnisse erfüllen wollen. Das Gefühl, die Kontrolle zu verlieren und immer allen zu gefallen, bemächtigt sich ihrer. Sie versuchen, diese fordernden Menschen zu meiden.

Seltsamerweise können die meisten Menschen ein ehrliches »Nein« akzeptieren. Die meisten Menschen verstehen, dass man Anforderungen und Verantwortlichkeiten genügen muss und dass bestimmte Bedürfnisse manchmal nicht beiseite geschoben werden können. Es ist wichtig, uns um die Person zu kümmern, die wir im Spiegel sehen. Wir müssen unsere eigenen Bedürfnisse kennen und glauben, dass wir Menschen sind, die der Mühe wert sind. Wir haben das Recht, Grenzen für unsere eigene Zeit zu bestimmen.

Es ist manchmal schwierig, »Nein« zu sagen. Wer anderen gefallen will, wird sich eher verstecken, als »Nein« zu sagen. Doch die Bedürfnisse der anderen ständig vor unsere eigenen Bedürfnisse zu stellen bewirkt ein hohes Maß an Stress und Angst in uns. Und wer will schon in einem Unternehmen bleiben, in dem der Chef unsere Bedürfnisse völlig außer Acht lässt oder uns wie einen Laufburschen behandelt?

Der schwierigste Teil beim Erlernen der Kunst des Nein-Sagens ist das erste Mal. Zu Beginn ersticken wir beinahe an dem Wort. Wir rechnen mit dem Schlimmsten und richten uns auf eine wütende Reaktion vonseiten der Person ein, der wir eine Absage erteilen. Wie überrascht sind wir, wenn unser Gegenüber das »Nein« akzeptiert.

Um das Nein-Sagen zu lernen, können drei Leitlinien hilfreich sein. Erstens: Versuchen Sie, Ihre Antwort kurz und rasch zu geben. Wenn man zögert oder sich windet, drückt man meistens Unsicherheit damit aus. Wenn Sie wissen, dass Sie »Nein« sagen müssen, dann sagen Sie es selbstsicher.

Zweitens: Wenn Sie glauben, dass Sie irgendwann in der Zukunft an dem Angebot interessiert sein oder an der vorgeschlagenen Aktivität teilnehmen könnten, dann sagen Sie der anderen Person ungefähr Folgendes: »Danke, dass Sie an mich gedacht haben, aber im Moment komme ich dafür leider nicht in Frage. Wenn das Projekt irgendwann später noch einmal auf den Tisch kommen sollte, dann würde ich mich freuen, wenn Sie mich noch einmal darauf ansprechen würden.« Oder: »Nein, am Montag kann ich mich leider nicht zum Mittagessen mit Ihnen treffen. Aber danke für die Anfrage.« Auf diese Weise sagen Sie ein klares »Nein«, ohne alle Brücken abzubrechen.

Drittens: Trennen Sie die Anfrage von der Person. Es mag schwierig sein, jemandem, den Sie lieben, den Sie fürchten oder von dem Sie abhängig sind, »Nein« zu sagen; aber denken Sie daran, dass Sie auf eine Anfrage antworten und nicht etwa die betreffende Person zurückweisen.

Euer Ja muss ein Ja und Euer Nein ein Nein sein.
Jakobusbrief 5,12

Sagen Sie einfach »Nein«

- Stellen Sie sich vor einen Spiegel und schauen Sie sich in die Augen. Sagen Sie leise das Wort »Nein«. Wiederholen Sie dies fünfmal. Sagen Sie das Wort nun ein wenig lauter. Wenn Sie einen Widerstand beim Aussprechen des Wortes »Nein« spüren, dann machen Sie so lange weiter, bis es zu einem festen Bestandteil Ihres Wortschatzes geworden ist.

- Erinnern Sie sich an eine Situation, in der Sie »Nein« gesagt haben. Was ist dann passiert? Gab es irgendwelche ernsthaften Auswirkungen? Oder überhaupt Auswirkungen?

- Es ist nicht nur wichtig, anderen »Nein« zu sagen, sondern auch uns selbst. Zum Beispiel:
  - Nein zu einem zusätzlichen Stück Schokolade
  - Nein zu einem weiteren Drink
  - Nein, wenn wir in Versuchung geraten, unser gesamtes Monatsgehalt zu verwetten

- Freundliches und ständiges Wiederholen eines »Nein« ist ebenfalls sehr wirkungsvoll. Zum Beispiel:
  - »Nein, du kannst nicht ins Einkaufszentrum fahren.« Wenn das Kind erneut bettelt, wiederholen Sie einfach in ruhigem, gemäßigten Ton: »Nein, du kannst nicht ins Einkaufszentrum fahren.«

- Erinnern Sie sich an einige Situationen in der jüngeren Vergangenheit, in denen Sie »Ja« sagten, obwohl Sie eigentlich ein klares »Nein« sagen wollten. Denken Sie darüber nach, welche zusätzliche Mühe diese Antwort von Ihnen erforderte.

Sagt einfach Ja oder Nein.
Jesus Christus (im Matthäusevangelium 5,37)

Skiausflug

»Als meine Tochter an diesem Abend das Haus verließ, bedauerte ich im gleichen Moment meine Entscheidung«, erinnert sich Don Burlingame, Vater der fünfzehnjährigen Amanda, einige Tage nachdem er Amanda erlaubt hatte, mit Freunden am Freitagabend einen Skiausflug zu einem nahe gelegenen Wintersportort zu unternehmen.

Amanda war eine gute Skifahrerin; Don hatte ihr das Skifahren selbst beigebracht.

Amanda hatte schon oft ohne Don oder ihre Mutter Laura an Skiausflügen teilgenommen, doch das waren immer Veranstaltungen mit dem offiziellen Skiclub, mit erwachsenen Skifahrern und Begleitpersonen vom Lehrkörper der Highschool gewesen.

Amanda war überdies mustergültig; sie war eine »Einser-Schülerin« und nahm aktiv an der Jugendgruppe ihrer Gemeinde teil. Don wusste, dass sie kein »Partygirl« war, und machte sich keine Sorgen, dass sie oder ihre Freunde, die sechzehnjährigen Roy und Meg und der fünfzehnjährige Josh, Alkohol trinken oder sonst etwas Verbotenes tun könnten.

»Dennoch, als ich am Fenster stand und ihnen nachschaute, hatte ich ein ungutes Gefühl. Obwohl ich Amanda und ihren Freunden vertraute, dass sie nichts Unvernünftiges tun würden, musste ich an all die anderen verrückten Typen denken, die an einem Freitagabend auf der Straße und auf den Pisten unterwegs sein würden.«

Don erklärte, wie Amanda ursprünglich gefragt hatte, ob sie diesen Ausflug machen dürfe. »Zunächst bearbeitete sie ihre Mutter. Laura hatte irgendwie eine Schwäche für Amandas Freund Josh. Ich glaube, dass Laura und Amanda beide diesen Ausflug als eine Art harmloses erstes Rendezvous betrachteten.

Als sie mich am Montagabend darauf ansprach, war ich bereits eine leichte Beute. Es sah so aus, als ob ich keine Wahl hätte.«

Die kleine Gruppe fuhr um 18 Uhr 30 Dons Garagenauffahrt hinunter. Amanda sollte anrufen, wenn sie nach rund 30 km Fahrt angekommen sein würden. Sie sollte außerdem anrufen, wenn sie zum vereinbarten Zeitpunkt 23 Uhr auf dem Rückweg sein würden. Anfangs lief alles wie geplant.

»Doch als es Mitternacht schlug und meine Tochter noch nicht zu Hause war, rechnete ich mit dem Schlimmsten«, sagte Don.

Der nächste Anruf kam um 0 Uhr 17. Zu dem Zeitpunkt waren Don und Laura vor lauter Sorge fix und fertig. Am anderen Ende der Leitung war ein Polizist.

»Herr Burlingame, es ist ein Unfall passiert. Alle sind wohlauf«, erklärte die Stimme.

Obwohl der Polizist die ganze Botschaft wie einen einzigen Satz gesprochen hatte, hörte Don nur den ersten Teil: Unfall. Er spürte eine Mischung aus Angst, Wut und Bedauern. Doch am stärksten war die Liebe zu seiner Tochter. Er musste zu ihr.

Als Don und Laura am Unfallort eintrafen, der nur zehn Minuten von ihrem Zuhause entfernt war, sahen sie zwei Dinge gleichzeitig: Roys Sportwagen, der auf der Seite im Graben lag, und Amanda, die Tränen in den Augen hatte, aber ansonsten wohlauf war. Sie rannte in die Arme ihrer Mutter.

Ein Hirsch hatte die Fahrbahn überquert, Roy hatte versucht auszuweichen und der Wagen war im Graben gelandet. Keiner der Jugendlichen war ernsthaft verletzt. Der einzige Schmerz, den Amanda davontrug, machte sich bemerkbar, wenn sie beim Halten des Wagens leicht in den Sitz zurückgedrückt wurde und ihren Gurt löste.

Don dachte ein paar Tage später über den Vorfall nach. »Ich weiß, dass ich meine Tochter nicht zu sehr behüten darf. Sie muss die Freiheit haben, ihre eigenen Entscheidungen zu treffen. Andererseits steht sie rechtlich, moralisch und emotional immer noch unter meiner Verantwortung. Wenn ich beim nächsten Mal ein ungutes Gefühl habe, dann werde ich mein väterliches Recht ausüben und ›Nein‹ sagen.«

Michael Maestas

Neues Gelände überqueren

»Ich arbeitete den ganzen Sommer über in den *Ozark Mountains* in Arkansas und wurde von vielen meiner Kameraden von der Highschool darum beneidet. In diesem Sommer war ich bereits zum zweiten Mal als Betreuer beim Pfadfinderlager für Jungen. Ich war ein begeisterter Kanufahrer und Schwimmer und vor allem liebte ich es, den Jüngeren alles beizubringen, was ich selbst über das Pfadfinden gelernt hatte. Ich war sehr gut darin. Meine entscheidende Motivation für meine spätere Wahl des Lehrerberufs war mein Erfolg als Betreuer im Pfadfinderlager. Doch alles wäre vielleicht ganz anders gekommen ohne das, was ich heute als grundlegende Erfahrung meines Lebens betrachte.

Ich war siebzehn Jahre alt und dennoch war ich als stellvertretender Programmleiter des Lagers engagiert worden. Terry, der Programmleiter, war fünfundzwanzig Jahre alt und die meisten der übrigen Mitarbeiter waren Universitätsstudenten. Diese Position gab mir einen enormen Zuwachs an Selbstvertrauen, doch dass ich jünger war als die anderen, die unter meiner Leitung standen, bewirkte häufig Unsicherheit in mir. Einige der älteren Mitarbeiter waren nicht gerade erfreut darüber, dass ich über ihnen stand. Die meisten respektierten mich jedoch und arbeiteten gut mit mir zusammen. Doch ich hatte mit Selbstzweifeln zu kämpfen.

Eines Tages im Juli baten mich zwei Gruppenführer, ihre Jungen bei einer rund 8 km langen Querfeldein-Wanderung zum Außenposten des Lagers anzuführen. Ich war nicht sicher, ob dies eine gute Idee wäre. Ich zeigte ihnen die Marschroute auf einer Landkarte. Es würde über eine Reihe von steilen Gebirgskämmen und viel unebenes Gelände gehen. Ich meldete Zweifel an, ob die jüngeren Kinder zu einem so mühsamen Marsch in der Lage wären. Doch sie bestanden darauf. Ich versuchte weiter, sie von dem Vorhaben abzubringen. Schließlich wandten sich die beiden Führer mehr oder weniger verärgert an den Programmleiter; sie sagten ihm, dass sie diese Wanderung durchführen wollten und dass er mir Anweisung geben sollte, sie anzuführen.

Terry sagte nur: ›Los, geh schon. Das ist ihr Begräbnis.‹ Ich sagte mir, dass es vielleicht kein Begräbnis, aber sicherlich eine äußerst unangenehme Erfahrung für einige der Kinder werden würde.

Am nächsten Tag brachen wir direkt nach dem Mittagessen auf. Als wir den Wald erreichten, bemerkte ich, dass viele der Kinder Shorts trugen – ich hatte aufgrund giftiger Efeuranken und einer ganzen Palette anderer kriechender und schleichender Dinge davon abgeraten. Außerdem hatten viele Kinder keine Feldflasche dabei – auch darauf hatte ich zuvor deutlich hingewiesen. Ich bezwang meinen Ärger und sagte mir, dass die Erwachsenen verantwortlich seien und es besser hätten wissen müssen.

Die ersten fünf Kilometer verliefen ohne Probleme. Das Gelände war so uneben und die Hügel so steil, wie ich gesagt hatte, doch die Kinder bissen sich durch. Wir machten an einem Felsvorsprung mit Aussicht auf eine Flussbiegung des *Spring River* halt. Grüne Hügel und Wiesen erstreckten sich über Kilometer vor unseren Augen. Das Geräusch des Flusses, der über Stromschnellen sprudelte, klang zu uns herauf.

›Carl, hier sind zwei Kinder mit starkem Ausschlag von Efeuranken. Sie sind in schlechter Verfassung. Was wirst du tun?‹ Das Gesicht des Gruppenführers war von der Sonne und vom Ärger gerötet. Der Ärger richtete sich gegen mich. Ich hielt eine scharfe Erwiderung zurück.

Ich schaute mir die beiden Jungen an. Sie trugen beide Shorts und beide waren mit roten Pusteln vom giftigen Efeu übersät. Sie waren offenbar stark allergisch, um so schnell solche Probleme zu bekommen.

Die beiden Gruppenführer ließen nicht locker. ›Du hast nichts davon gesagt, dass wir durch all diesen Mist laufen müssen. Diese Jungen müssen zum Arzt. Da unten verläuft ein Weg. Lasst uns diesen Weg nehmen, dann wird es besser gehen.‹ Ich hielt mich noch immer zurück. Mein Magen verkrampfte sich vor Ärger, Angst und Schuldgefühlen.

Ich holte die Landkarte hervor und zeigte ihnen, dass der Weg zwar einfacher aussah, aber unsere Wanderung um fast fünf Kilometer verlängern würde. Unser augenblicklicher Standort war weniger als drei Kilometer vom Außenposten entfernt. ›Außerdem‹, erklärte ich, ›ist das Gelände bis dorthin leichter zu begehen als bisher.‹

Sie wollten nichts davon hören. ›Nun, wir sind die Gruppenführer und wir werden die Kinder über den Weg führen.‹ Sie erklärten den Kindern, sie würden die Felsen herunterklettern und den Weg nehmen. Die Kinder schauten von ihnen zu mir und fragten sich, wer wohl Recht hatte. Schließlich fühlte ich mich geschlagen und nickte. ›Okay, gehen wir.‹

Der Rest der Wanderung wurde ein wahrer Albtraum. Um auf den Weg zu gelangen, mussten wir den Fluss überqueren. Wir bekamen alle nasse Füße, sodass wir den ganzen restlichen Weg mit durchnässten Schuhen zurücklegten. Während der ersten Kilometer kämpften sich die Kinder weiter voran, doch dann wurde ihr Gang immer schleppender. Als wir das erste Haus erreichten, konnten die Gruppenführer den Landwirt dazu bewegen, die jüngeren Kinder mit seinem Traktor zum Außenposten zu bringen. Wir Übrigen wanderten schweigend und erschöpft weiter und gelangten gerade nach dem Sonnenuntergang im Lager an.

Ich hörte, wie die Gruppenführer dem Leiter des Außenpostens erzählten, wie dumm ich war, dass ich es besser hätte wissen müssen und so weiter. Zum Glück kannte ich Buzz gut. Er verachtete Erwachsene, die Teenager für ihre Fehler verantwortlich machen wollten. Buzz hörte schweigend zu.

Die Mannschaft machte Platz für die Neuankömmlinge, half ihnen, sich zu waschen, und versorgte sie mit Essen. Ich setzte mich mit einigen meiner Kameraden zusammen und erzählte ihnen meine Version des Vorfalls. Sie zeigten viel Mitgefühl, doch ich war tief unglücklich über meine Einwilligung in das unvernünftige Vorhaben, über mein Nachgeben und meine Schwäche. Und ich fürchtete die unausweichliche Gegenüberstellung mit dem Direktor bei unserer Rückkehr ins Hauptlager am nächsten Tag.

Nach unserer Rückkehr erfuhr ich, dass der Direktor, Herr Young, mich sehen wollte. Ängstlich und beschämt betrat ich sein Büro.

›Herr Young, ich ...‹ Er fiel mir ins Wort.

›Carl, ich möchte nur zwei Dinge sagen. Erstens: Diese beiden Männer waren Erwachsene. Die Verantwortung wiegt für sie wesentlich schwerer als für dich. Zweitens: Während der beiden letzten Sommer hast du dich als geschickt, fähig und verantwortlich erwiesen, aber‹ – er machte eine Pause und schaute mich direkt an – ›du musst mehr Selbstvertrauen haben. Hör auf dein eigenes gesundes Urteilsvermögen. Lass dich nicht von Leuten, die absolut keine Ahnung haben, herumschubsen. Hab mehr Selbstvertrauen. Nun geh zurück an die Arbeit und vergiss dies.‹

An diesem Tag erhielt ich ein unschätzbares Geschenk von Herrn Young. Seitdem habe ich gelernt, mein ›Nein‹ wirklich ›Nein‹ sein zu lassen, und ebenso mein ›Ja‹. Natürlich habe ich seither Fehler gemacht – sogar viele Fehler –, aber es waren meine Fehler und auch meine Triumphe.«

Carl Koch

Wer sich nicht selber achtet, wird auch von andern nicht geachtet.

Sprichwort

WEG 12

Seien Sie dankbar und sagen Sie das auch

Dankt Gott in jeder Lebenslage!
Der Apostel Paulus (im 1. Thessalonicherbrief 5,18)

Ein weiser alter Mann ruhte sich neben einer Straße aus. Ein Reisender näherte sich und fragte den alten Mann, ob er wisse, wie die Menschen in der nahe gelegenen Stadt seien. Der weise alte Mann antwortete: »Wie waren die Menschen in der Stadt, aus der Sie gerade kommen?« Der Reisende antwortete: »Oh, sie waren boshaft und ungehobelt. Ich konnte niemandem vertrauen.« Der weise alte Mann sagte ihm, dass die Menschen in der nahe gelegenen Stadt genauso seien.

Eine Weile später hielt ein anderer Reisender und fragte den weisen alten Mann nach den Menschen in der nahe gelegenen Stadt. Dieser antwortete wie beim ersten Mal mit der Frage, wie die Leute in der Stadt seien, aus der der Reisende kam. Der Reisende antwortete: »Oh, das waren aufmerksame, warmherzige, wundervolle Menschen.« Und der alte weise Mann sagte, dass die Leute in der nahe gelegenen Stadt genauso seien.

Die Moral der Geschichte lautet: Die Dinge sind nicht, wie sie sind, sondern wie *wir* sind. Wenn wir bereitwillig das Gute im Leben sehen und die Schönheit um uns herum annehmen, dann nähren wir in unserem Innern ein gutes Herz und einen dankbaren Geist, der großzügig dankt. Wenn wir einmal ehrlich nachdenken, so gibt es viel mehr Gründe, dankbar als besorgt zu sein. Dankbarkeit lockert den Stress und vertreibt Sorgen. Die Wissenschaft bestätigt heute, was die Weisheit schon seit Jahrhunderten weiß.

Jüngste wissenschaftliche Studien haben ergeben, dass sich positive Gefühle wie Dankbarkeit und Liebe wohltuend auf die Gesundheit auswirken. Positive Gefühle stärken das Immunsystem, wodurch der Körper besser gegen Krankheiten gewappnet ist und sich schneller von Krankheiten erholt. Endorphine, die körpereigenen Eiweißstoffe mit schmerzlindernder Wirkung, werden in die Blutbahn freigesetzt und stimulieren die Erweiterung der Herzgefäße, was wiederum zu einem entspannten Herzen führt – neben anderen Auswirkungen.

Negative Gefühle wie Ärger, Sorgen und Hoffnungslosigkeit vermindern die Anzahl der Endorphine und verlangsamen die Bewegung der weißen Blutzellen in unserer Blutbahn, die gegen Krankheiten kämpfen. Durch das Ausschütten großer Mengen von Adrenalin in die Blutbahn vergrößern negative Gefühle die Gefahr von Herzkrankheiten und Schlaganfällen. Adrenalin zieht die Blutgefäße zusammen, insbesondere in der Nähe des Herzens, sodass der Blutdruck steigt und die Arterien sowie das Herz selbst geschädigt werden können.

Andererseits tun wir unserem Körper etwas Gutes, wenn wir unsere Segnungen zählen und uns auf die Wunder des Lebens konzentrieren. Ein dankbarer Geist entscheidet sich dafür, eher das Gute als das Negative im Leben zu sehen. Das Zählen unserer Segnungen öffnet uns die Sicht für das, was sich gerade vor uns befindet – das große Aufgebot all dessen, was gut und wahrhaftig ist.

Vor einigen Jahren hatte ich Gelegenheit, einer programmatischen Rede des berühmten Psychiaters Viktor Frankl beizuwohnen. Frankl war ein Überlebender des Konzentrationslagers Auschwitz. Er erzählte den Zuhörern, dass er es nie überstanden hätte, wenn er nicht die Fähigkeit zum

Lachen bewahrt hätte: »Es hob mich für Augenblicke aus dieser schrecklichen Situation empor, gerade genug, um zu überleben ... Wir, die wir das Konzentrationslager erlebt haben, erinnern uns an solche, die von Baracke zu Baracke gingen und anderen Mut zusprachen und ihr letztes Stück Brot weggaben. Es waren zwar zahlenmäßig wenige Menschen, die dies taten, aber sie liefern den Beweis dafür, dass man einem Menschen alles nehmen kann außer der letzten der menschlichen Freiheiten: die eigene Haltung in jeglichen Umständen selbst zu wählen.« Er wusste: Wenn wir das Leben verfluchen, kann uns das umbringen; dankbar sein dagegen erhält die Seele am Leben.

Wir werden nicht oft zum Zählen unserer Segnungen ermutigt, es wird häufig eher schlecht gemacht. Doch das Zählen unserer Segnungen bedeutet Konzentration auf das Positive: So kann ich erkennen, dass der Regen das Wachstum des Gemüses fördert; die lange Schlange im Supermarkt ermöglicht mir ein paar ruhige Augenblicke; bei der Fahrt zur Arbeit kann ich jeden Augenblick genießen und die eiligen Personen einfach vorbeilassen. Wenn ich ein dankbares Herz habe, kann ich meine Kollegen loben und ihnen Energie schenken; ich kann erkennen, dass Arbeitgeber auch nur Menschen sind und dass ich nur dafür verantwortlich bin, wie ich etwas mache.

Es gibt eine wundervolle Geschichte über die berühmte Berliner Mauer. Mir sind verschiedene Versionen der Geschichte zu Ohren gekommen, aber der Kern ist derselbe.

In den ersten Tagen der schändlichen Mauer brodelten die Emotionen in Berlin. Feindseligkeiten loderten auf, als die im Ostteil lebenden Einwohner Wagenladungen übel riechender Abfälle über die Mauer nach Westberlin auskippten. Bürgermeister Willy Brandt wurde mit Forderungen nach Rache für diese Beleidigung überschüttet.

Brandts Reaktion war einzigartig. Er bat, dass jede Blume

in Westberlin zu einer bestimmten Stelle an der Mauer gebracht würde. Eine regelrechte Lawine von duftenden, wunderschönen Blumen ergoss sich über die Mauer nach Ostberlin und ein großes Spruchband wurde gehisst. Darauf war zu lesen: »Ein jeder gibt, was er hat.«

Worte und Gesten der Dankbarkeit, die wir einander, Gott und dem Universum zuwenden, machen unser Herz froh, überwinden den Stress und machen uns gesund. Also: Seien Sie dankbar!

Wir können nicht immer die Hand Gottes
in unserem Schicksal sehen;
aber wir können stets sicher sein, dass sie da ist.
Charles H. Spurgeon

Seien Sie dankbar und sagen Sie das auch

- Verfassen Sie einen kurzen, handgeschriebenen Dankbrief an eine Person, die etwas für Sie getan hat. Schicken Sie den Brief ab.

- Rufen Sie einen Freund oder jemanden aus Ihrer Familie an und danken Sie ihm dafür, dass er Teil Ihres Lebens ist.

- Führen Sie ein Tagebuch über die »Segnungen des Tages«. Notieren Sie jeden Tag mindestens drei Segnungen. Geben Sie sich die Möglichkeit, überrascht zu sein. Denken Sie lange genug nach, um sich an eine kleine Freundlichkeit zu erinnern, oder notieren Sie eine Überraschung wie zum Beispiel den ersten Schnee der Saison, die ersten Knospen im Frühling, einen Sonnenuntergang. Überraschung ist der Beginn der Dankbarkeit, eine Art Aufgerütteltwerden, das wir möglicherweise brauchen, um ganz allmählich Dankbarkeit zu lernen.

- Vielleicht bevorzugen Sie folgende Methode: Wenn Sie am Abend zu Bett gehen, erzählen Sie Ihrem Ehepartner oder Gott mehrere Dinge, die Sie während des Tages erlebt haben und für die Sie dankbar sind. Wenn wir den Tag damit beenden, uns an die Segnungen des Tages zu erinnern, so wird unser Stress gemindert und unser Einschlafen erleichtert.

- Verbringen Sie einige Minuten mit der Betrachtung der Natur. Atmen Sie die frische Luft. Spüren Sie die Frische der Jahreszeit. Lassen Sie die Schönheit des Augenblicks in Herz und Seele dringen.

- Denken Sie über fünf Dinge nach, die während Ihres bisherigen Lebens passiert sind und Ihnen Freude und Glück gebracht haben. Seien Sie dankbar für diese Dinge. Wann immer Sie in Gefahr geraten, trübsinnig zu werden, rufen Sie sich diese Dinge in Erinnerung.

- Erinnern Sie sich an eine Situation, in der Ihnen jemand für etwas gedankt hat. Wie fühlten Sie sich dabei?

Dankbarkeit ist nicht nur die größte aller Tugenden, sondern auch der Ursprung aller übrigen Tugenden.
Cicero

Taxi

Vor kurzem wurde ich am *Islip* Flughafen auf *Long Island* abgeholt. Das Gesicht des Taxifahrers war von Frust gekennzeichnet, als er die Scheibe herunterließ und fragte: »Schwester Anne?« Ich sagte: »Ja.« Er wies mit dem Daumen auf den Rücksitz des Wagens, wo ich mich hinsetzen sollte.

Der Fahrer zog nervös an seiner Zigarette. Zigarettenrauch stört mich wirklich. Mein Kopf wird ganz dumpf, meine Augen beginnen zu tränen und ich bekomme Atemnot. Er fragte mich, wohin ich wollte, und ich gab ihm sofort den Namen des *Country Club,* in dem ich einen Vortrag halten sollte. Er fragte mich, ob ich schon einmal dort gewesen sei. Ich bejahte.

»Gut. Dann sagen Sie mir, wie man dorthin kommt. Ich weiß nicht, wo das ist.«

Ich erklärte ihm, dass ich mich auf *Long Island* nicht auskennen würde. Er zog noch heftiger an seiner Zigarette und nahm ein Buch mit detaillierten Straßenkarten zur Hand. Er blätterte hektisch darin herum und warf das Buch dann auf den Sitz zurück. Er erzählte mir, dass er kein Benzin mehr habe und dass der Tag bisher ein einziges Desaster gewesen sei. Er war soeben vom Flughafen *La Guardia* gekommen, wo er ein Paket abliefern sollte, das niemand in Empfang nehmen wollte.

Er fuhr zur Tankstelle und fragte dann über sein Funkgerät nach dem Weg. Man teilte ihm mit, er würde den *Country Club* an der *Jerioke*-Mautstelle in *Woodbury* im roten Teil seines Straßenkartenverzeichnisses finden. Wir ließen uns also auf das Abenteuer ein, *Woodbury* zu finden, und ich fragte den Fahrer, ob er schon lange als Taxifahrer tätig sei. Er sagte mir, er sei schon lange in diesem Job, aber er hasse ihn, weil das Unternehmen, das ihn beschäftigte, »schrecklich« sei.

»Sie sollten nicht damit weitermachen«, schlug ich ihm vor. »Das Leben ist zu kurz.«

Er sagte mir, er habe keine Wahl. Dann hielten wir an einer Ampel. Auf der Heckscheibe des Lastwagens vor uns las ich: »Fahrer gesucht – Voll- und Teilzeit.«

Ich sagte rasch: »Da vorne steht, dass sie Fahrer suchen. Notieren Sie die Nummer.«

»Das Unternehmen ist noch schlimmer als meines.«

In dem Moment überholte ein Wagen einen anderen und setzte sich ganz knapp vor uns. Ich sagte verärgert: »Die Leute haben einfach keine Geduld.«

»Keine Geduld. Keine Rücksicht. Kein Mitgefühl.«

Wir fuhren schweigend weiter auf der *Long Island* Schnellstraße. Schließlich fragte ich: »Sind Sie verheiratet?«

»Nein.«

Ein langes Schweigen folgte. Dann sagte er: »Ich bin in der Bronx aufgewachsen. Wenn die Leute herausfinden, dass man keine Eltern hat, dann lassen sie dich nicht mit ihrer Tochter ausgehen. Komischerweise können sie aber ihre Tochter missbrauchen.« Ich versuchte, auf seinen Schmerz und seine Zurückweisung zu antworten. Er sagte mir, er sei damit fertig, eine Frau zum Heiraten zu suchen.

Als ich aus dem Wagen stieg, war ich traurig. Dieser junge Mann war einsam und in seiner Negativität gefangen. Er hielt sich daran fest, dass er keine Eltern hatte, dass sich niemand um ihn kümmerte und dass es immer so sein würde. Niemand würde je in ihm eine fürsorgliche, mitfühlende, dankbare Person erleben. Er würde auf der Hut bleiben und dafür sorgen, dass er unverletzlich bleiben würde.

Jener Taxifahrer konzentrierte sich auf das, was er nicht hatte. Dabei war er gesund. Er erhielt jeden Monat sein Gehalt. Er hatte eine Wohnung. Leider wusste er nicht, wie er dankbar sein konnte für das, was er *hatte.* Für ihn würde das Leben weiterhin aus nicht zustellbaren Paketen, Orientierungsschwierigkeiten und leeren Tanks bestehen.

Dieser traurige Taxifahrer erinnerte mich an den Vater meiner Freundin, Schwester Roselani. Ich hatte Toshi Enomoto in seinem Haus in *Maui,* Hawaii besucht. Toshi war ein weiser Mann, der seine Besucher mit einem gastfreundlichen Lächeln willkommen hieß. Wenn jemand fragte, wie er sich fühlte, gab er immer die gleiche rasche Antwort: »Dankbarer denn je.« Er hielt sich nicht mit seiner Unfähigkeit zu laufen, mit seinem Gehörverlust und mit dem Tod seiner Frau und anderer geliebter Menschen auf. Toshi hatte das Geheimnis des Glücklichseins erlernt. Er hatte beschlossen, für das, was er hatte, und für die Segnungen, die er in seinem Leben erfahren hatte, dankbar zu sein.

Dankbarer denn je.

Dankbare Menschen sind wie fruchtbare Felder;
sie geben das Empfangene zehnfach zurück.
August von Kotzebue

Loretta

»Wenn am Abend zur Essenszeit das Telefon klingelt, schneide ich eine Grimasse. Meistens ist der Anrufer ein Verkäufer, der mir eine neue Kreditkarte andrehen oder ein Spezialangebot für ein Time-Share-Projekt in den *Wisconsin Dells* vorstellen will. Meine Frau und ich schauen zum Telefon, und keiner von uns hat Lust abzuheben. Wir tun es trotzdem. Vor allem, weil auch meine Schwiegermutter Loretta um diese Zeit besonders gern anruft.

Als ich an jenem Abend den Hörer abnahm, platzte Loretta heraus: ›Hi, kann ich deine entzückende Frau sprechen?‹

›Klar, Loretta. Sie steht gerade neben mir.‹ Ich lächelte und gab den Hörer an Joyce weiter. Wenn Loretta anrief und ich den Hörer abnahm, plauderte sie in der Regel ein paar Minuten mit mir, bevor sie nach ihrer ›entzückenden‹ Tochter fragte. Also schloss ich aus ihrer hastigen Bitte, dass sie Joyce etwas Wichtiges mitzuteilen hatte. Während Joyce und ihre Mutter miteinander sprachen, kümmerte ich mich um den Abwasch. Dabei lauschte ich auf Joyce' Teil des Gesprächs, das hauptsächlich aus ›Wirklich?‹ oder ›Ach so. Hmm‹ bestand.

Ich mag meine Schwiegermutter. Und ich bewundere sie. Das Leben war nicht immer leicht für Loretta, aber sie lebt ungezwungen, weil sie so viel Freude am Leben hat.

Als ältestes Kind einer Farmerfamilie wurden Loretta die ganze Arbeit und die Verantwortung aufgebürdet, die ihr Vater einem erstgeborenen Sohn zu übergeben gehofft hatte. In gewisser Hinsicht ist ihr Vater nie darüber hinweggekommen, dass sein ältestes Kind nicht zu einem Mann heranwachsen würde. Loretta trug somit von Beginn ihres Lebens an eine schwere Last. Ihr Vater erwarb immer mehr Land und die Arbeitsbelastung nahm entsprechend zu. Er war ein ehrgeiziger Mann, der jeden in seinem Umfeld genau so hart behandelte wie sich selbst. Im Alter von fünfzig Jahren hatte er beinahe seine gesteckten Ziele erreicht. Er bekam all das Land, das er gewollt hatte, und das brachte ihn um.

Zu diesem Zeitpunkt hatte Loretta Cliff von der Nachbarfarm kennen gelernt. Wie so viele Frauen während des Zweiten Weltkriegs arbeitete sie, wartete und sorgte sich um Cliff, der in der Normandie, durch Frankreichs Hecken hindurch und schließlich in der Ardennenschlacht kämpfte. Als er zurückkehrte, heirateten sie.

Loretta brachte vierzehn Kinder zur Welt und hatte drei Fehlgeburten. Die Familie lebte draußen auf dem Land in Wisconsin in einem Haus ohne sanitäre Installation. Einen großen Teil ihres Lebensmittelbedarfs deckten sie durch eigenen Anbau und Konservierung und sie züchteten Schweine und Hühner für den Fleischbedarf. Ihre Unterhaltung bestand in Ausflügen in die Wälder zum Beerenpflücken, ›Bohnenkämpfen‹ im Garten, Spielen wie *Sheep-head* und *Blackjack* und regelmäßigen Ausflügen in die nördlichen Wälder von Wisconisn mit so vielen Kindern, wie ins Auto passten. Jeden Sonntag füllten die Heils eine Kirchenbank in der *Saint Mary's Church*. Das Leben war einfach, geschäftig und angefüllt.

Nun, ich kenne viele Leute, die den Kopf schütteln, wenn ich ihnen erzähle, dass Joyce' Mutter vierzehn Kinder hatte. Der Ausdruck in ihrem Gesicht bedeutet in der Regel: ›Das ist unmöglich. Wie könnte irgendeine Frau das tun?‹ Was mich besonders ärgert, sind Ausdrücke von Mitleid, so als wäre Loretta das unglückliche Opfer einer männlichen Verschwörung. Loretta mag alles sein, aber bestimmt kein Opfer. Sie ist eine der lebendigsten Menschen, die ich kenne.

Als Don, das jüngste Kind, ins schulpflichtige Alter kam, dachten alle, Loretta würde erleichtert aufseufzen. Stattdessen beklagte sie ihr leeres Nest. Ich bin sicher, dass es nicht leicht war, niemals Geld zum Sparen zu haben, aber ich habe nie gehört, dass sich Loretta darüber beklagt hätte. Was ich ständig höre, sind die kleinen Triumphe eines der Kinder oder Enkelkinder. Oder wie viel sie beim *Blackjack* im örtlichen Casino gewonnen hat.

Einmal schauten wir zu, wie Loretta und Cliff *Blackjack* spielten. Wenn sie verlor, stöhnte Loretta verzweifelt und reichte ihre verlorenen Pennies an Cliff weiter. Wenn sie gewann, streckte sie die Brust vor und rief aus: ›Ich habe gewonnen! Ich habe gewonnen!‹ Cliff gab die wenigen Pennies zurück, und sie scheffelte sie zusammen, als ob sie im Lotto gewonnen hätte.

Joyce hat eine Menge Gewicht verloren und so gibt sie ihrer Mutter einige Sachen, die sie selbst nicht mehr anziehen kann. Sobald Joyce mit der Kleidertasche eintritt, hastet Loretta ins Schlafzimmer und probiert ihre neue Garderobe an. Ich werde nie vergessen, wie Loretta in einem roten wollenen Wintermantel von Joyce durch das Wohnzimmer tänzelte.

Als das Farmhaus, in dem Loretta und Cliff ihre Kinder großgezogen und so viele Jahre gelebt hatten, zu zerfallen begann, mussten sie eine Entscheidung treffen. Ein neues Dach, neue sanitäre Anlagen und so weiter waren ausgeschlossen. Aber dies war ihr Zuhause. Wir fragten uns, ob Loretta imstande sein würde, ihre Himbeerbüsche, ihren üppigen Blumengarten, die Gemüsebeete, die unter ihrer Pflege gediehen waren, und vor allem das Haus voller Erinnerungen zu verlassen.

Natürlich gab es Tränen, aber Loretta schickte sich tatsächlich in das Leben in einer Wohnung im Seniorenzentrum. Nun fährt sie mit ihren Freundinnen zum Schönheitssalon, spielt Karten mit den übrigen Bewohnern und genießt das Mittagessen im Seniorenzentrum. Wie üblich mit Loretta, ist das Leben positiv!

Ich hörte, wie Joyce den Hörer auflegte, als ich gerade das letzte Geschirr in die Maschine räumte. Sie lachte. ›Was ist los?‹, fragte ich. ›Hört sich an, als hätte Mom im Lotto gewonnen.‹

›Oh, viel besser. Sie hat ein Jackett für Dad im Casino gewonnen. Das Casino feiert irgendeinen Geburtstag und deshalb verlosen sie Preise. Mom hat das Jackett gewonnen. Man könnte meinen, sie hätte eine Europareise oder direkt im Lotto gewonnen. Meine Mutter ist wirklich Jemand!‹

Ja, das ist sie tatsächlich, dachte ich und hoffte, dass ich eines Tages auch eine solche Weisheit erlangen würde – die Weisheit, sich über einfache Geschenke zu freuen und für die vielen kleinen Freuden des Lebens dankbar zu sein.«

Carl Koch

Was auf dem Weg zur Erfüllung zählt, ist unsere Erinnerung an die große Wahrheit, die uns in Momenten der Überraschung lehrt: Alles ist unverdient, alles ist Geschenk. Der Grad unseres Bewusstseins dieser Wahrheit bestimmt das Maß unserer Dankbarkeit. Und Dankbarkeit ist das Maß unserer Lebendigkeit.

David Steindl-Rast

LESEPROBE

Auch die Erziehung von Kindern im Teenager-Alter kann ganz schön stressig sein! Wenn Sie zur Gruppe der »Betroffenen« gehören, empfehlen wir Ihnen aus der Reihe Johannis Lebenshilfe:

Patt & Steve Saso, **Top Ten für Teens.** Was Sie Ihren Teenie-Kindern unbedingt mit auf den Lebensweg geben sollten (192 Seiten, Bestell-Nr. 72 423)

Einleitung

Als ich ein Junge von vierzehn Jahren war, war mein Vater so dumm, dass ich es kaum ertragen konnte, den Mann in meiner Nähe zu haben. Als ich dann einundzwanzig wurde, staunte ich, wie viel er in sieben Jahren gelernt hatte.
Mark Twain

Alle Eltern wollen das Beste für ihre Kinder. Ob sie nun sechzehn Monate oder sechzehn Jahre alt sind, wir wollen ihnen nur das Beste angedeihen lassen, das wir zu bieten haben. Solange sie klein sind, ist es relativ leicht, ihnen zu geben, was sie brauchen. Es mag uns körperlich eine Menge abverlangen, aber wir haben den Trost, zu wissen, dass wir tatsächlich das tun, was für sie am besten ist. Als Eltern von Jugendlichen jedoch stehen wir vor einer ganz anderen Herausforderung. Nicht nur, dass wir manchmal unsicher sind, was das Beste ist, wir haben es auch mit Teenagern zu tun, die oft eine sehr klare eigene Vorstellung davon haben, was am besten für sie ist.

Es gibt viele Gründe, warum es manchmal schwer ist zu erkennen, was für Ihren Jugendlichen am besten ist. Die Welt hat sich drastisch verändert, und Jugendliche sind heute ganz anders als noch vor einer Generation. Auch die traditionellen Rollen der Eltern haben sich verschoben.

Heute haben wir es mit einer veränderten Gesellschaft und Kultur zu tun. Es gibt weniger Unterstützung für uns in unserem Bemühen, unsere Kinder zu verantwortungsbewussten Erwachsenen zu erziehen. Der Familientherapeut Doug Sholl merkt an, »traditionelle Überzeugungen über persönliche Moral, Loyalität in der Familie und elterliche Autorität« stünden oft im Gegensatz zu der »unersättlichen, mediengetriebenen Jugendkultur«.

Wegen dieser gesellschaftlichen und kulturellen Einflüsse haben wir es mit einer ganz anders gearteten Generation von Jugendlichen zu tun. Anthony Wolf schreibt in seinem Buch *Get Out of My Life, But First Could You Drive Me and Cheryl to the Mall?*:

> Teenager haben sich verändert. Das ist keine Einbildung. Teenager behandeln die Erwachsenen in ihrem Leben auf eine Art und Weise, die nicht mehr so automatisch gehorsam, erheblich furchtloser und unübersehbar unverblümter ist als bei früheren Generationen.

Richtig – Teenager sind heute anders. Von einer anderen Seite betrachtet jedoch sind sie immer noch genauso, wie sie es von jeher waren. Auch heute kämpfen Jugendliche um die

Unabhängigkeit von ihren Eltern, suchen sich ihre Anerkennung bei Gleichaltrigen, haben ihre Not mit Minderwertigkeitsgefühlen und mangelndem Selbstvertrauen. Sie müssen mit enormen emotionalen und zwischenmenschlichen Veränderungen zurechtkommen, sich in ihre geschlechtliche Identität hineinfinden und Pläne für die Zukunft machen. (...)

Was geht hier ab?

Bevor ich heiratete, hatte ich sechs Theorien über Kindererziehung; jetzt habe ich sechs Kinder und keine Theorien.
Lord Rochester

Es gibt eine gute und eine schlechte Nachricht über die entwicklungsbedingten Veränderungen des Jugendalters. Die gute Nachricht ist, dass sie nicht ewig dauern. Die Pubertät ist ein Entwicklungsstadium. Wie die frühkindlichen Trotzphasen geht sie irgendwann vorbei. Die schlechte Nachricht ist, dass dieses »Irgendwann« sieben bis zwölf Jahre auf sich warten lassen kann. Das Jugendalter ist erst dann abgeschlossen, wenn Ihr Kind finanziell unabhängig von Ihnen ist. Wie Clayton Barbeau bemerkt: Wenn Ihr Kind »seine Rechnungen selbst bezahlt«, sowohl im buchstäblichen als auch im übertragenen Sinne, ist es ins Erwachsenenleben eingetreten.

Die meisten Eltern bringen genug Geduld für die sechs Monate auf, die es dauert, bis ein kleines Kind die Trotzphase im dritten Lebensjahr hinter sich gebracht und das sonnige vierte Jahr erreicht hat. Doch nur wenigen Eltern fällt es leicht, ihren Kindern mit Geduld, Liebe und Unterstützung zu begegnen, während sie die viel längere Entwicklungsphase des Jugendalters durchleben.

Der Übergang von der Kindheit zum Erwachsenenalter ist herausfordernd, verwirrend und aufregend. Teenager schwanken zwischen ihrer erwachsenen und ihrer kindlichen Persönlichkeit hin und her, zwischen abstraktem und konkretem Denken, zwischen dem Wunsch nach Versorgung und Behütung und dem Wunsch nach mehr Freiheit. Bisweilen können Teenager extrem ausfällig und respektlos werden, um uns dann wieder zu überraschen und einfühlsam und liebevoll zu sein. Sie können sich verhalten wie starke, unabhängige Erwachsene, während sie in anderen Momenten wie verängstigte, bedürftige Kinder wirken.

Die Herausforderung der Erziehung von Teenagern ist zweifach: Sie verändern sich dramatisch, und wir sind oft nicht darauf vorbereitet, wie ihr sich veränderndes Verhalten auf uns wirken wird. Die Beziehung zwischen Eltern und Kind beinhaltet eine heikle Balance zwischen unserem Persönlichkeitstyp und dem unseres Kindes. Wenn wir wissen, was wir zu erwarten haben, sehen wir die manchmal vernebelte Grenze zwischen dem, was unser Problem ist, dem, was das Problem unseres Kindes ist, und dem, was entwicklungsbedingt ist, vielleicht klarer. Was ihre Entwicklung angeht, gehen in Teenagern in fünffacher Hinsicht dramatische Veränderungen vor: körperlich, emotional, sozial, intellektuell und geistlich. Das Folgende ist eine Zusammenfassung des typischen und normalen Entwicklungsverhaltens bei Jugendlichen. Denken Sie daran, dass diese entwicklungsbedingten Verhaltensweisen vorübergehend und bei den meisten Teenagern zu finden sind. Obwohl man sie bei Jugendlichen jeden Alters beobachten kann, sind sie besonders charakteristisch für die frühen Teenagerjahre von elf bis fünfzehn. (...)